_____ 님께

고맙습니다.
감사합니다.
사랑합니다.

최영순 마리 드림

엄마에게 치매가 왔다

엄마에게 치매가 왔다

우리나라 노인 돌봄 현실과 과제

최마리

놀북

서문

"넌 누구니?"
"니 아버지 이름이 뭐니?"
3년 전 5월 어느 날 새벽에 엄마 전화를 받았다.
영민했던 엄마가 이상했다.

이 책은 엄마와 시어머니가 알츠하이머형 치매질환으로 요양병원, 재활병원 입원 치료, 그리고 요양원 입소 이후 돌봄에 대한 전반적 과정을 지켜보면서 쓴 글이다.

치매 발병 이전 두 어머니는 요양병원과 요양원에 절대 가지 않겠다는 강한 신념이 있었다. 시어머니는 3년 전 알츠하이머형 치매 진단을 받는데, 진단 10여 년 전부터 경증 인지장애와 간헐적 망상 증상을 보였다. 그 증상은 박사, 교수 며느리 필요 없다는 험담과 폭언이었다. 엄마는 치매 발병 10여 년 전 파킨슨병을 시작으로 점차 악화되었다. 엄마의 치매 증상은 외아들 걱정에 기인한 불안이었는데, 당신이 곱게 키워주었기에 성공(?)한 맏딸이 남동생을 제대로 돌보지 않는다는 험담으로 시작하였다. 두 어머니는 일제 강점기 1937년에 태어나 6·25전쟁을 겪은 산업화 세대이다. 저개발국가와 전쟁을 겪는 상황에서 가장 약자가 여성과 어린이다. 정도 차이는 있겠으나 두 어머니 생애는 고단했을 것이다. 의식 저 아래 무의식에 묻어두었을 상처 역시 크고 깊을 것이다. 엄마는 맏이에게, 시어머니는 며느리에게 양가감정이 있었던 것이다. 간절히 원했던 공부를 못했다는 사실이 해결하지 못한 이면의 삶Unlived Life이자 그림자Shadow였기에 최초 망상이 맏딸이자 며느리에게 향하는 험담과 폭언이었던 것이다.

우리 세대 K-맏딸과 K-며느리 운명이 아닐까 생각하곤 한다.

저자는 두 어머니 치매 증상과 진행과정을 고스란히 마주하며 현재에 이르고 있다. 그럼에도 "지금 이 방식이 최선이었을까"에 대해 자신있게 답할 수 없다. 요양병원과 요양원에 가지 않겠다던 두 어머니를 설득해 입원시킨 딸이자 며느리이기에 그렇다. 가끔 죄책감이 들 때도 있다.

현재 엄마는 의사소통이 불가한 의식상태이며, 식사조차 어려운 상황에서 관을 삽입해 물과 유동식을 주입하고 있다. 마지막을 향해 가고 있는 엄마를 보면서 생각한다. 엄마의 생애가 얼마나 의미 있었는지, 또 얼마나 아름답고 소중했는지 같이 돌아볼 시간을 갖지 못했기에 못내 아쉽고 죄송하다고.

소위 간호사이며 보건정책전문가인 필자도 재활병원, 요양병원과 요양원에 두 어머니를 부탁하는 보호자 입장이 되면서 겪어야 했던 수많은 사건·사고, 그리고 시간과 능력 부족에 당황했고 때론 당혹스러웠다.

두 어머니가 위급한 상황에서도 업무 중이라 방문이 어려워 재활병원과 요양병원 담당 진료과장과 간호사실에 도움을 청했다. 그때마다 배려해 주신 이들에게 더할 수 없이 감사한 마음이다. 무엇보다도 두 어머니를 기꺼이 맡아 돌봐준 선배이자 간호요양원장의 은혜를 평생 잊을 수 없을 것이다. 그를 보면서 여성도 전문직으로서 사회적 역할을 해야 한다는 아버지 뜻에 따라 간호학을 선택했음을 더 감사하게 되었다.

이 책은 베이비부머 K-맏딸과 K-며느리들이 읽어보길 바라며 쓴 글이다. 베이비붐 세대는 산업화 세대인 부모 부양과 자녀 양육과 교육의 부담을 고스란히 떠맡고 있다. 혹자는 우리 세대를 이전에도 없었고, 이후에도 없을 샌드위치 세대라고 한다. 이들은 부모 부양 책임을 과하게 지는 마지막 노노케어 세대가 될 것이다. 이 책이 치매질환자 부모를 돌보는 상황에서 마주하게 되는 문제와 치료 돌봄 방향에 다소라도 도움이 되길 바란다.

두 어머니 치매 돌봄 과정에서 인지한 장기요양환자 치료 현장의 난제를 인식하고 앞으로 해결해야 할 과제로 설정하게 되었다. 아픔과 상처로 포기하고 싶었던 삶에서 새로운 의미를 찾을 수 있었다.

우리나라 노인보건의료정책의 사각지대인 요양병원의 간병인력 문제 해결과 양적 팽창에 비해 서비스 질 담보가 어려운 요양시설과 요양보호사에 대한 실효성 있는 대안을 모색해야 한다. 또한 호스피스 완화의료제도 정착과 존엄사법 마련에 대한 사회적 논의를 구체화해야 한다. 향후 시간이 허락한다면 정책연구자로서 상기 세 가지 제도 완성을 위해 최선을 다할 것이다.

오랜 기간 논문과 정책보고서 작성에 익숙하여 독자들이 보기에 지나치게 딱딱하고 재미없는 책이라 여기지 않을까 고민하며 조심스럽게 이 책을 내놓는다.

바라건대 치매 환자 부모를 돌보는 자식의 고단한 과정에 다소나마 도움이 된다면 감사하겠다.

2022년 2월 7일
청주 서원구에서 최영순 마리

추천사

치매 가족들에게 길을 밝혀줄 등대

치매를 앓게 된 엄마와 함께한 간호사 딸의 기록을 담은 책이다. 조금씩 달라지고 변해가는 엄마의 모습을 보면서 가족들의 대응방법과 경험을 담담히 글로 담아냈다. 그 과정에서 간호사의 눈으로 본 간병제도의 문제도 꼼꼼하게 풀어내고 있다. 앞으로 초고령사회로 진입하며 치매와 같은 노인성 질환을 앓는 환자는 더 늘 것이다. 이 책은 치매란 예상치 못한 질병이 찾아왔을 때 가족들은 어떻게 해야 할지, 환자를 어떻게 대해야 할지에 대해 방법을 알려준다. 치매 환자를 돌봐야 할 가족들에게 길을 밝혀줄 등대이자 따뜻한 위로를 전해줄 책이기에 꼭 읽어보시길 바란다.

대한간호협회 회장
신경림

추천사

함께 책임지는 돌봄의 사회로

삶의 과정에서 죽음의 과정으로 넘어가는 동안 끝까지 인간으로서 최소한의 자기 주체성과 존엄성을 지킨다는 것은 매우 어려운 일입니다. 주체적으로 산다는 것은 다른 사람에게 도움을 받거나 의존하지 않는 상태가 아니라 취약함이 있더라도 존중받을 수 있어야 가능한 것이기 때문입니다. 가족의 이해와 보살핌, 의료진의 전문적 의료행위, 간병인의 세심한 돌봄, 국가와 사회의 시스템을 통한 뒷받침 등이 톱니바퀴처럼 잘 맞물려 돌아가야 가능한 일이기 때문입니다. 그동안 건강이나 질병의 문제는 개인의 문제로 여겨져 온 측면이 크지만, 이제는 서로의 취약함을 돌보고 함께 책임지는 돌봄의 사회로 나아가야 합니다.

이 책은 한 사람의 딸이자 간호사인 저자가 어머니와 시어머니의 치매를 차례로 겪으며 아프게 써 내려간 간병 기록입니다. 치매 질환의 시작부터 요양병원·재활병원, 그리고 요양원 입소까지 돌봄의 전반적인 과정을 다양한 사례 및 구체적 정보와 함께 담았습니다. 알츠하이머성 치매질환과 인지장애로 비슷한 어려움을 겪고 계신 많은 분들에게 치료 방향 결정 등 실질적인 도움을 드릴 수 있는 좋은 책입니다. 이 책이 돌봄 철학, 간병인과 요양보호사 등 인력 체계, 요양시설 문제 등 노인 보건 의료 정책 전반에 대한 고민을 함께 나눌 수 있는 단초가 되기를 바랍니다. 더 나아가 서로의 취약함을 돌보고 함께 책임지는 돌봄의 사회로 나아가는 데 있어 작은 밀알이 되기를 기대합니다.

더불어민주당 국회의원
도종환

차례

서문 · 5

추천사

신경림 | 치매 가족들에게 길을 밝혀줄 등대 · 9
도종환 | 함께 책임지는 돌봄의 사회로 · 10

제1장 엄마에게 치매증상이 나타났다 · 15

새벽 전화 · 17
울 엄마 진짜 치매네! · 35

제2장 엄마의 치매 증상 · 55

엄마를 어떻게 케어할 것인가? · 57
요양병원 이용 · 76
집에서 치매 엄마와 동행하다 · 87

제3장 재활병원에 입원한 엄마 · 127

제4장 엄마가 요양원에 있다 · 153

셋째 딸 주변 요양원에서 · 155
다시 돌아와 맏이 주변 요양원에서 · 179

부록 1 · 193
치매 · 195

부록 2 · 247
치매에 대한 인식 · 249
치매 영향 · 255

부록 3 · 265
노인장기요양보험 · 267

부록 4 · 273
문재인 정부 국정과제 치매국가책임제 · 275

제1장　엄마에게 치매증상이 나타났다

새벽 전화

우리 집에 온 지 20여 년이 지나 칠이 벗겨지고 군데군데 금이 간 침대 난간에 두었던 스마트폰이 한동안 울렸다. 잠시 끊겼다가 또 다시 울리기 시작했다.

"아휴, 도대체 누구야. 이 새벽에 무슨 일이야?"

늘 그러하듯 약간 구부리고 자던 자세를 바로 했다. 그대로 누운 채 양손을 들어 올려 침대머리 낡은 가죽 부위를 여기저기 더듬거려 돋보기를 찾아 썼다. 다시 잠들고 싶어 뜨기 싫은 눈을 간신히 떠 침대 오른편 가장자리에 놓인 스마트폰을 들었다.

엄마 전화번호였다. 침대 왼편에 비스듬히 놓여 있는 작은 탁자 위 전자시계로 눈이 갔다. 직사각형 나무상자 시계에 블랙볼드체로 5시 10분임을 알리고 있었다. 아, 그래 그렇지. 새벽잠이 없는 여든다섯 엄마에겐 그리 이른 시간이라고 할 수 없는 시간이었다.

그럼에도 '엄마는… 참… 정말 도움을 주질 않는다'는 생각을 했다.

천하 불효라 할 수 있겠으나 일어나 움직이려니 온몸이 여름날 엿가락처럼 늘어지는 듯했기에 그랬다. 스마트폰 진동 소리에 깨지 않았다면 족히 1시간, 어쩌면 2시간을 더 잘 수 있었을 터인데… 이리 깨우다니.

지난밤에 오래전 교통사고로 골절돼 티타늄 기기로 고정한 척추 부위 통증과 저림 증세가 유독 심했다. 몇 년 전 고정 부위 위아래에 진행되고 있는 척추강직증을 인지한 순간부터 부쩍 더 저리고 아프기 시작했다. 몸과 마음을 결코 분리할 수 없다는 지극히 당연한 사실을 체감하곤 한다.

신체 고통도 인식하는 그 순간부터 통증이 더 심해진다. 실제 왼편 다리와 발의 감각신경 상당 부분이 망가졌기에 어디에 부딪히거나 무엇에 찔리게 돼 피가 나더라도 즉시 통증을 느끼지 못한다. 그러나, 어느 순간 피가 나고 있음을 인식한 시점부터 통증이 시작된다.

이 같은 현상은 우리 마음에서도 같이 나타난다. 무의식 저 깊은 곳에 묻어두었거나 묻혀 있던 마음의 상처 역시 그러하다. 이 상처가 어떤 계기로 의식으로 떠오르는 그 순간부터 마음이 심하게 요동을 치는 것이다.

교통사고 이후 죽 그러했듯이 지난밤에도 진통제와 안정제를 먹었음에도 다리가 찌릿찌릿하고 허리가 아파서 자다 깨다를 반복했다.

외할머니, 세 분 이모, 엄마, 이종사촌 언니와 동생, 나와 둘째, 셋째까지 척추 부위에 문제가 있는데, 외가 쪽 여성 중심 유전인 듯하다. 질병에서 가족력, 즉 DNA만큼 정직한 것이 없다는 생각이다. 외할머니는 척추골절이 없었음에도 허리가 구부러진 상태로 여든일곱까지 장수했다. 현재 엄마와 두 이모 역시 허리가 구부러져 할미꽃 같은 모습으로 입원과 퇴원을 반복하고 있다.

또 다시 침대 난간에서 전화기가 울리기 시작했다. 잠은 이미 달아났고 5시 15분이 지나고 있었다. 역시 엄마 전화번호였다. 잠시 원망스런 마음을 가라앉히며 생각했다. 아무리 맏이에게 천하무법자일지라도 한참 이른 새벽부터 전화할 시간을 기다렸으리라. 아마 새벽 4시부터 한 시간 이상 그러했을 것이다.

왼손으로 전화를 끌어 올려 받으며 생각했다. 다음부터는 잠들기 전 폰에 이어폰을 연결해 두어야겠다고.
"엄마? 왜요? 어디 아파요? 허리 탈이 났어요?"
"너 누구니?"
엄마는 늘 그러하듯이 나지막한 목소리이다.
"아니… 이게 무슨 일이지?"
혼자 중얼거렸다. 우리 엄마에게 치매 증상이 나타나기 시작하는 것일까.
"어? 엄마 왜 그래요? 왜 그래요? 나 맏이요. 엄마 지금 누구한테 전화한 걸 모르는 거예요?"

엄마는 잠시 가만히 있었다.

"니 아버지 이름이 생각나지 않아."

그렇게 아주 조용히 얘기를 했다.

"아, 그래요. 엄마, 우리 엄마 무척 답답하셨겠네. 얼마나 속상했을까요."

아주 빠르게 인지손상 환자를 마주하게 된 간호사 모드로 전환해 공감을 하며 생각한다. 일상에서도 경청하고 공감하며 지지할 수 있다면 더 할 수 없이 좋으련만 많이 부족하다. 부끄럽게도 부모형제와 남편을 대상으론 참 어렵다. 그 외 또 어려운 경우가 있는데, 이유 없이 험담하고 뒷담화를 해 말도 안 되는 소문을 만드는 이들이다.

그럴 때면 '이들은 내 환자가 아니니 그럴 수밖에 없다'고, '나는 어쩔 수 없는 이론가에 불과하다'고 씁쓸하게 자위하곤 한다.

잠시 호흡을 가다듬었다.

'아니 어찌 이럴 수가…….' 엄마에게 치매증상이 나타나기 시작했다. 점차 증증 인지장애로 진행될 것이고 치매질환자가 될 것이다.

며칠 만에, 아니 몇 달 만에 엄마에게 무슨 일이 있었단 말인가? 혹시 엄마 아들이자 내 남동생에게 무슨 일이 발생했을까?

아무리 그렇다고 하더라도 어쩌면 이럴 수가 있을까?

엄마 아버지는 부부연으로 50여 년이란 긴 세월 함께했다. 우리나라 최고 격변기 1950년대 후반부터 2008년까지 함께했던 남편 이름이 생각나지 않는다고 한다.

아버지가 전이성 암 합병증으로 떠나기 2주 전쯤이었을 것이다. 맑은 의식상태에서의 마지막 대화였다. 아버지는 평소와 달리 약간 들뜬 듯 많은 말을 하면서, "엄마한테 잘해라, 불쌍하지 않니"라고 했다.

엄마 전화를 받으며 아버지와 약속을 제대로 지키지 못했다는 죄책감이 들었다. 엄마가 이 상태가 되도록 아버지가 믿었던 맏이가 이리 무심했다니.

휴대폰 저 너머에서 무엇인가 계속 이어지는 엄마 목소리를 들으며 전화기 든 손을 툭 늘어트렸다. 그렇게 1분이 될까 말까 한 찰나 이러저러한 복잡한 생각이 TV 드라마를 8배속으로 보듯 지나갔다.

10여 년 전 엄마에게 큰 사건이 있었는데, 하나밖에 없는 아들의 사업실패였다. 남동생은 실의에 술로 지내다 급성 간경화 진단을 받고 입원했었다. 당시 엄마는 남동생 담당 진료의를 찾아가서 당장 아들에게 당신 간을 떼어 주겠다고 사정하고 또 사정을 했다. 지금은 간 이식이 필요한 상태가 아니고 치료가 필요하다는 딸들의 설명은 듣는 둥 마는 둥 했었다.

엄마는 아들 상태에 깊이 절망한 듯했다. "하나 있는 아들이 나보다 먼저 죽으면 어떡하냐"고 아침저녁으로 전화를 했었다.

아들, 아들, 아들, 엄마에게 아들은 엄마가 믿는 신 위에 있는 존재로 보일 때가 있었다. 가끔씩 '엄마의 아들이 아니고, 아들의 엄마'라며 웃기도 했었다.

사람에게 존재하는 무의식 영역을 명쾌하게 설명했던 정신분석 대가 지그문트 프로이트Freud, S. 이론이다. 그는 아들이 엄마에 대한 갈구와 아버지에 대한 배척 심리를 오이디푸스 콤플렉스Oedipus complex, 딸의 아버지에 대한 그것을 엘렉트라 콤플렉스Electra complex라고 했다. 그러나 이런 현상은 단지 자녀가 어렸을 때 사회화 과정에서 나타나는 현상이라고 했다.

통상 아버지가 아들을 좋아하고, 엄마는 딸을 좋아하는 일반적 동기는 개인의 자기 동일시이다. 이는 창의적이고 성취적 동기를 투사하기 위함이라고 본다. 즉, 동성 부모를 롤모델로 성장하는 자녀의 경우 비교적 건강한 성인으로 자란다는 것이다.

그런데, 우리나라에서는 유독 엄마의 아들에 대한 왜곡·편향된 사랑이 과하다.

우리 부부는 늘 사회적 역할을 제대로 못 했다고 생각하며 사는데, 아들 하나밖에 두지 못했기에 그러하다. 이런 연유로 아들과 딸을 모두 가진 친구들과 만나 이야기할 때 종종 확인하는 사안이 있다.

우리네 엄마가 그러하듯 딸에 비해 아들에게 그리 마음이 쓰이고 더 의지가 되냐고 물으면, 대부분 친구의 답은 "우리가 아들에게 더 바라고 의지할 것이 없다고 보는데, 이상하게 딸 모르게 아들에게 더 맛있는 음식, 좋은 옷가지들을 주고 싶을 때가 있다"고 한다. "왜 그럴까?"라는 질문에 "왜 그런지 잘 모르겠다", "그런 연유로 딸에게 미안할 때가 있다"고 한다.

개인적인 결론이다.

우리 민족은 유사 이래 전통적 부계사회로 이어져왔음이 주지의 사실이다. 이 부계사회에서 아들 또는 남성은 딸 혹은 여성보다 우월적 역할과 지위를 확보하며 현재에 이르고 있다. 통상 아들이 조상의 대를 잇고, 조상의 기제사와 명절제사를 올리는 중요한 역할을 한다. 아들을 낳지 못한 여성은 소박을 받는 등 소외되기까지 했던 역사를 가진 민족이다. 따라서 우리나라에서 아들은 생물학적 요인보다 사회문화적 요인에 의해 질기고 강한 모성이 발휘되는 것이 아닐까 한다.

평소 엄마는 "너희 딸 넷 다 합쳐도 저 아들 하나만 하겠냐?"고 했다. 딸에게 서운함을 느끼거나 감정이 상할 때면 "그래도 남동생이 하나라도 있으니 니들이 힘을 받고 사는 것"이라며 딸들이 남동생 존재에 감사하고 도와주어야 함에도 그러지 않으니 서운하다는 것이었다.

엄마는 아들이 필요하다고 하면 모든 것을 다 내주었고, 그도 부족하면 집이나 부동산 담보 대출도 서슴지 않았다.

엄마는 아들이 없는 집안의 둘째 딸이었다. 외할머니는 아들을 낳은 경험조차 없다고 했다. 추측하건데 엄마는 외할머니가 딸만 두었다는 신세한탄과 잦은 한숨을 들으며 살았으리라. 외할머니는 계속 딸을 낳았고 어려서 하늘나라로 간 이모들을 제외하고 딸 넷을 성장

시켰다.

외손녀에게 그리 다정했던 할머니가 딸인 내 엄마에게 아들 콤플렉스를 만들어 주었을 것이라고 생각하게 된 이유이다. 할머니는 상당히 늦은 나이에 임신을 해 늦둥이 딸, 내 막내 이모를 낳았다고 한다. 출산 후 딸임을 확인하자마자 절망했고, 즉시 일어나 발로 신생아를 방 윗목으로 미뤄두고 젖도 물리지 않았다고 들었다.

오래전 기억인데, 50년이 훨씬 더 지난 현재까지 선명한 장면이 있다. 내 나이 다섯 살이었던 그 해 10월 26일 새벽에 엄마는 셋째 자식을 출산했다. 산파가 차려다 준 밥상에 놓인 미역국을 바라보는 내게 기운 없이 슬픈 표정으로 "엄마, 또 딸 낳았어. 일어나서 엄마랑 미역국 먹을래?"라고 했었다. 생일이 늦어 만 4세가 되지 않았던 난 딸 낳은 것을 슬퍼하는 엄마를 이해할 수 없었다. 그 후 몇 년 지나 내가 초등학교, 당시 국민학교에 막 입학했을 당시 엄마는 넷째로 아들을 낳았다. 그리고 온 세상을 모두 얻은 듯 눈이 반짝반짝했고 기운이 넘치는 듯했다. 어린 나이임에도 엄마에겐 아들이 딸보다 크고 대단한 선물같다는 생각을 했다.

그렇게 얻은 아들이 알코올성 간경화라고 하니 상심이 얼마나 컸을까? 충분히 이해하고도 남음이 있다.

바로 그 시점이었다.

엄마 오른편 얼굴과 손이 심하게 떨리는 파킨슨병 증상이 발생했고 경도 인지장애가 나타나기 시작했다. 또한, 50대에 두세 차례 발생했던 늑골 골절, 척추 압박골절 부위가 점점 더 무너지고 있었다. 척추 압박골절이 발생할 때면 본시멘트로 고정을 했으나 골다공증이 점차 진행되니 척추가 망가지는 정도가 더 빠른 듯했다. 엄마의 등은 우리가 태어나기 오래전부터 있었던 할미꽃인 양, 요즘 우리 아이들이 제일 선호하는 폴더형 스마트폰인 양 변해가고 있었다.

국가 장애등급과 노인장기요양보험 신청 시점이라고 판단되어 국가 장애등급 신청을 위해 대학병원 진료의가 발행한 진단서를 소지하고 동사무소를 방문했다. 동사무소에서 장애등급 담당자를 찾아 면담했다. 담당 공무원은 국가에서 정한 서식으로 진료의 소견서를 받아 제출해야 한다고 했다. 한 번 더 대학병원 진료를 예약하고 국가 장애등급 소견서를 받아 장애등급 신청을 했다.

이어서 노인장기요양보험 홈페이지에서 장기요양보험서비스 심사 신청을 시도했다. 내 이름을 넣으니 계속 오류가 나기에 Q&A 섹션을 찾아보았다. 주민등록상 직계존비속 보호자가 아닌 이가 인터넷으로 신청하면 나타나는 현상이라고 했다. 결혼으로 주민등록상 보호자가 될 수 없다는 것이었다.

그다음 날 국민건강보험공단 지사 노인장기요양보험 담당자에게 전화를 했다. 왜 주민등록상 직계가 신청을 해야 하는지 질문을 했다. 인터넷 신청 제도가 그렇다고 했다.

행정은 늘 복잡하다. 인터넷 사용이 어려운 이, 직계가족이 없는 이를 위해 주위에 있는 누구라도 대리 신청을 할 수 있으면 어떨까. 결국 결혼으로 엄마와 주민등록이 분리된 나는 국민건강보험공단 지사를 방문해 노인장기요양보험서비스 심사 신청을 해야 했다.

이후 엄마는 오른손과 허리가 불편한 상태로 노인장기요양보험 재가방문서비스를 받았다. 상시로 파킨슨병 약제와 진통제를 복용하고 있는데, 견디기 어려울 정도로 통증이 심할 때면 집 주변 정형외과 의원을 방문해 주사 처치와 물리치료를 받았다. 또한 통증 부위에 침을 맞고 물리치료를 받기 위해 한의원 외래도 방문하곤 했다.

이제 엄마는 노인장기요양보험 재가방문서비스로 해결할 수 있는 단계를 넘어서고 있다. 곧 치매 진단, 요양병원 입원, 요양원 입소를 위한 노인장기요양보험 심사 등 많은 행정 절차도 필요할 것이다.

이즈음 60대 자식이 80-90대 부모와 동거, 또는 비동거 상태에서 부양을 하는 경우가 많다. 노노 부양이다. 이러한 상황에서 노부모에게 병원 진료가 필요한 경우에도 노인인 자식이 동행하는 현실이다.

우리나라에서 부모 부양이야 당연하다고 할 수 있겠으나, 베이비붐 세대인 60대 자식 역시 이미 고혈압, 당뇨병, 고지혈증, 암 등 만성질환자가 많다. 그러다 보니 부모의 외래 또는 입원 진료를 위해 장시간 동안 움직여야 하는 상황이 힘들 것이다.

향후 국가 장애 신청, 노인장기요양등급 심사 신청, 기타 진료 신청, 외래 또는 입원 진료 동행을 위한 새로운 직업이 필요할 것이다. 노인이 거주하는 곳을 방문해 병원 진료를 도울 진료도우미 제도 도입이 필요한 시점이다. 국민건강보험공단 노인장기요양보험 또는 지자체별 노인 진료도우미 제도를 도입해야 한다는 판단이다.

전화로나마 엄마와 좀 더 대화를 해야겠기에 자고 있는 남편을 바라보면서 방을 나왔다. 거실 창문 쪽으로 가서 한 손으로 블라인드를 올렸다.

봄비가 조용히 내리고 있었다.

이리 사부작사부작 내리는 봄비가 그치면 아름다운 넝쿨 장미꽃이 지겠네. 화무십일홍花無十日紅이라니……. 우리네 인생이라고 별 수 있으랴.

'아… 신경손상장애인 이 몸은 참 정확하기도 하지'

전화기를 들고 중얼거렸다. "이 몸이 일기예보보다 더 정확하게 날씨를 알려 주네." 이렇게 궂은 날씨에 아침을 맞게 되면 온몸이 무겁고 통증이 심해 일어나기조차 힘들다. 이럴 땐 출근을 하지 않을 수만 가지 이유를 생각하곤 했다.

엄마는 전화기를 들고 중얼거린 내 말의 내용이 궁금했나 보다.

"뭐라고?"

"아녀, 암것도 아녀요. 그저 오늘 날씨 얘기했어요."

소리를 조금 높인 듯하다.

"나 귀 안 먹었어. 소리 지르지 마, 이년아."

"에구, 알아요. 알겠어요."

"엄마, 어젯밤에 무슨 일 있었어요?"

엄마가 대답하지 않았다.

"엄마, 어제 저녁 뭐 드셨어요?"

엄마는 또 대답하지 않았다.

"엄마, 지금 뭐 하세요?"

"묵주기도 해. 기도하는데 니 아버지 이름이 생각이 나지 않아서."

"아……. 그렇군요. 우리 엄마 답답하겠어요. 나도 요새 가끔 조카들 이름이 헷갈려요. 엄마, 또 생각이 나지 않는 건 없고요?"

"네가 큰애니?

엄마는 맏이와 통화 중임에도 맏이인지 다른 딸인지 혼동하고 있었다.

"맏이지요. 엄마, 좀 주무셨어요? 두통은 없어요? 혹시 밤에 밖에 나가서 넘어졌어요?"

고등학교 졸업 즈음인가, 엄마가 나를 우리 큰애라고 지칭하기 시작했다. 밖에서 맏이를 소개할 때도 우리 큰애라고 했다. 동생들 이름은 부르는데……. 맏이 이름을 부르기엔 불편했을까? 까칠한 딸이라 그랬을까?

 어린 시절부터 책을 좋아했고, 동생들과 달리 책에서 나오는 그대로 부모께 존칭을 썼다. 나이 들어가면서 이런 깍듯함이 오히려 선을 그은 것이 아닐까 생각하기도 했다.

"좀 전에는 갑자기 눈앞이 깜깜했어……"
"요즘 혈압약 잊지 않고 드시지요? 어제 혈압약 드셨어요?"
엄마는 또 대답이 없었다
"엄마 요양보호사 9시에 오지요? 아주머니 올 때까지 일단 더 누워 보셔요. 너무 걱정하지 마시고요. 요즘 나도 친구 이름 생각이 안 날 때가 있어요. 이젠 예순이 되어가니 건망증이 심하네요. 아마 엄마가 피곤해서 그렇지 싶어요."
"네가 올해 예순 살이 되었다고?"
 평소 엄마는 가족들 나이, 생일 생시까지 정확하게 기억했었는데, 이제 맏이 나이조차 기억하지 못했다.
"아니, 아직은 아니지요. 이제 몇 년 있음 예순이 돼요. 엄마 이제 거실 바닥 패드에 누워요. 그리고 호흡을 해요. 나하고 했던 호흡법 알지요?

 눈을 감고 아들이 가장 예뻤을 때를 생각을 해봐요.

 그리고 코로 숨을 천천히 크게 들여 마시고 잠깐 참았다가, 크게 내쉬어 봐요. 뱃속에 들어 있는 찌꺼기가 모두 다 나간다고 생각을 하며 세게 뱉어요. 이거 다섯 번만 더 하고 가만히 누워 계세요."

엄마의 파킨슨병 발병 이후부터 엄마와 전화를 끝낼 때면 힘이 들어 지쳤고 목이 아팠다. 2년 전부터 잘 듣지 못하는 듯했는데 궁금한 것은 더 많았다. 그런 상태로 10분 이상 통화를 하면 많지 않은 에너지마저 고갈되곤 했다. 그러나 엄마는 나이가 여든이 되기 전까지 큰 수술을 한 경우 외에는 지치는 경우가 없었고 늘 씩씩했다.

몇 년 전부터 엄마와 아침부터 큰 소리로 통화하고 나면 고단해서 하루 일과에서 질서가 망가지는 듯했다. 그저 "알겠어요. 알겠어요. 엄마"하며 건성건성 끊은 적이 많았다.

엄마 나이 여든 즈음부터 당신 생각이 옳다고 우기는 횟수가 점차 늘어났다. 한번 우기는 사안은 자식 누구도 설득할 수 없었다. 보행이 자유롭지 못함에도 지팡이를 들지 않겠다고 했다. 노인 지팡이처럼 보이지 않는 멋있는 등산용 지팡이조차 마다했다. 그러다 보니 골다공증이 심한 상태에서 자주 넘어졌고 늑골 골절이 발생하곤 했다.

1년 전부터 청력 문제가 심해지는 듯해 보청기를 착용하자고 설득했다. 엄마는 창피해서 그것을 끼고 다닐 수가 없다고 했다. 제일 성능이 좋은 보청기는 귓속에 잘 부착돼 아무도 보지 못한다고 설득도 해보았다.

아휴!! 여든을 한참 넘긴 노인이 보청기가 창피해서 못하겠다니.

보청기를 하지 않으면 치매에 걸릴 확률이 높다고 협박 아닌 협박도 해보았다. 그때마다 엄마는 "내가 무슨 치매가 걸린다고? 애도 참.

넌 진짜 못하는 소리가 없다"고 일축하곤 했다.

내 말이 씨가 되었을까?
이렇게 엄마에게 치매증상이 나타나고 있다니…….
아하, 돌이켜 생각해 보니 언제부터인가 엄마가 조금 이상했었다.
지치지 않는 엄마 전화에 답은 저녁 퇴근길에 한꺼번에 하곤 했다. 저녁에 전화하면 "우리 큰애가 웬일이지, 전화를 다하고? 고맙다. 고맙다." 그렇게 원하는 장난감을 선물 받은 아이처럼 좋아했었다. 그저 씩씩한 엄마도 세월 앞에 어쩔 수 없이 늙어가는 것이라고, 노화라고만 생각했었는데.
엄마가 많이 이상했었다.
당신이 하루 종일 수차례 걸었던 전화에 맏이가 응답한 것이었는데, 맏이가 전화를 했다고 고맙다고 했다. 자식이라는 것이 늘 부모 불건강 상태를 늦게 알아차리는 것 같다.
왜 잘 알아차리지 못했을까? 비록 임상현장을 떠난 지 오래일지라도 간호사인데, 참 무심했고 형편없었다.
엄마는 가족과 동거하는 상황이 아니라 독거 상태이니 문제 발생에 대한 우려가 클 수밖에 없었다. 그러나 그 우려는 치매가 아닌 낙상, 골절, 뇌혈관질환 발생에 대한 것이었다. 혼자 있을 때 문제가 발생한다면 적절한 대처가 어려울 듯해 걱정했다. 그럼에도, 노인장기요양보험 방문서비스가 가능하기에 감사했다. 소읍이나 집 근처에 의원도 한의원도 있으니 다행이었다.

최근 들어 베이비붐 1-2세대 중 부모와 동거하는 이들이 그리 많지는 않다. 부모 역시 자식과 며느리, 딸과 사위 눈치 보기 싫고 불편하다는 이유로 자식과 동거를 원치 않는다고 한다.

친구 중 하나는 기러기 엄마로 생활하고 있기에 같이 살자고 청했으나 시어머니가 혼자 살겠다 거절했다고 들었다. 이 친구는 생활비를 이중 지출하고 있어 부담스러운 상황이라고 했다.

이보다 더 극단적인 사례도 있다. 베이비붐 세대의 자녀 중에 일찍 사업을 시작해서 사업체도 집도 모두 날리고 채무까지 남긴 채 부모 집으로 무작정 식구를 끌고 들어오는 경우이다. 이런 경우가 베이비붐 세대가 당면하는 가장 큰 문제인데, 자식, 조손, 그리고 부모 부양까지 하게 되는 것이다. 가끔 이런 이들을 만나면 같이 한숨을 쉬어 주는 것밖에 할 수 있는 것이 없다. 안타까운 현실이다.

남성의 평균수명이 여성보다 낮은 상황이니 당연히 독거 할머니가 많다. 이들 중에서 남편이 교사, 공무원, 교수 등으로 퇴직한 할머니, 즉, 자산이 있거나 연금이 충분한 중산층 이외 노인의 노후 문제는 고스란히 자녀 몫이다.

노후 대비를 할 수 없었던 부모의 자식은 그들의 부양, 질병 치료를 위한 돌봄에 더해 제반 비용까지도 부담해야 한다. 노인 개인차가 있을 것이나 공무원연금 또는 국민연금이 없이 노령연금만으로 치료비와 생활비를 충당하기에는 턱없이 부족한 현실이다.

베이비붐 세대 대부분이 부모의 노후와 질병치료 책임까지 지고 있으니 마음으로도 경제적으로도 부담이 클 것이다.

　우리나라 부모 부양 현실에 대해 생각하다가 어지럼증과 두통이 발생했다. 일단 두통을 해결해야 했다. 거실 탁자에 레몬 아로마 오일을 담아둔 아름다운 백색 램프에 불을 붙인다. 이제 레몬향이 빠르게 퍼질 것이다.
　최근 복용할 약이 늘어나고 있어서 진통제라도 줄여 보고자 찾아낸 방법이다. 레몬 아로마 오일이 심한 두통을 완화시키고 집중력을 높이는 역할을 하고 있다.
　매해 두세 차례 이상 방문하는 남아프리카 아름다운 나라 에스와티니에서 생산하고 있는 아로마 오일이다. 백색 램프는 몇 년 전 인사동 거리에서 발견했는데, 외국인들이 우리나라 독특한 골동품으로 보아주길 바라며 리어카 위에 놓여 있다는 느낌을 주었던 그것이다.

　불건강한 노인 부모를 둔 자녀와 가족은 국민건강보험공단 홈페이지를 찾아서 노인장기요양보험 서비스에 대해 자세히 살펴보면 도움을 받을 수 있다. 홈페이지에서 이해할 수 없는 부문이나 의문점이 있으면, 각 시·군·구 지역 소재 국민건강보험공단 지사 노인장기요양보험 급여 담당자에게 전화 문의를 하거나 방문을 통해 서비스를 신청하면 된다.
　이 과정에서 노인장기요양보험 서비스 심사를 받게 될 것이다. 이 심사에서 재가방문서비스 대상자로 결정되지 못할 수도 있다. 이 상황에서는 노부모가 거주하는 마을 친지 또는 지인이나 이장, 부녀회장에게 한번씩 방문을 부탁하는 것도 방법일 것이다. 또 다른 방법은 야구르트 배달을 신청하고 매일 아침 안전 확인을 부탁하는 것도 방법 중 하나라는 생각을 해 본다.

울 엄마 진짜 치매네!

　중앙치매센터 홈페이지를 검색해 우리나라에 치매 환자가 많이 늘어나고 있음을 확인하였다. 평균수명 연장과 더불어 치매질환자는 더 늘어날 것이 자명한 사실이다.

　우리나라 중앙치매센터[1]에서 발간한 『대한민국 치매현황 2019』 보고서를 살펴보았다. 이 보고서에 따르면 2018년 기준 65세 이상 노인 인구 중 치매질환자는 75만 488명으로 추정되며, 치매유병율은 10.16%로 나타났다. 65세 이상 노인 10명 중 1명꼴로 치매를 앓고 있는 셈이다. 치매질환자는 지속적으로 증가하여, 2024년에는 1백만 명, 2039년에 2백만 명, 2050년에 3백만 명을 넘어설 것으로 추정하고 있었다. 또한, 65세 이상 치매환자 1인당 연간 관리비용은 약 2,042만 원으로 추정되었으며, 국가 치매관리비용은 약 15조 3천억

1　https://www.nid.or.kr/notification/data_view.aspx?board_seq=86

원으로 GDP의 약 0.8%를 차지하는 것으로 추정되었다. 65세 이상 치매환자 전체 연간 진료비는 약 2조 5천억이며, 치매환자 1인당 연간 진료비는 약 337만 원 수준이다. 노인장기요양보험을 이용하는 치매환자는 약 30만 명이며, 총 요양비용은 약 4조 원이었다.

우리는 "아마 우리 엄마에게 치매는 오지 않을 듯해! 세상 모든 것을 알고 싶고, 기억하고, 호기심 많아 온갖 정보를 수집하지. 또 책도 많이 읽고, 저리 참견을 하니 말이야." 그리 얘길 하곤 했었다.

대책없이 어리석은 낙관이었다.

중앙치매센터 <2016 치매 역학조사> 결과에서 85세 이상 노인 37%가 치매 환자로 추정하였고, 지역별 국가별 차이는 있으나, 85세 이상 노인 두 명 중 한 명은 치매라고 보고[2]하였다. 그 두 명 중 한 명이 우리 엄마였던 것이다.

전날 손가락 하나조차 움직이기 힘든 상태로 퇴근 시간을 기다렸다. 다행히 회사 앞 정류장에서 집으로 오는 버스가 바로 들어왔고, 30여 분 후 아파트 정문으로 들어섰다. 정문에 들어서면서 족히 50년은 넘었을 아름드리 나무에서 피어나는 아름다운 연초록 잎들을 보니 신선하고 상쾌했다. 3개월 전 급히 구해 이사한 아파트는 분양 후 10년이 지났다. 이 아파트 나이와 같을 장미나무 넝쿨이 담장과 어울

---

2 https://www.nid.or.kr/info/diction_list2.aspx?gubun=0201, https://mnews.joins.com/amparticle/23248070

려 피어나기 시작한 흰색, 노란색, 붉은색 꽃이 아름다웠다. 이제 '장미는 붉다, 장미라서 붉다'는 그 문장은 없어져야 할 듯했다.

5월 넝쿨장미를 보면서 개구리 울음소리도 같이 듣고 싶었다. 남편이 일찍 들어오면 작년 이맘때 갔었던 작은 산 아래 논에 인접한 찻집을 가고 싶다는 생각을 하며 집에 들어섰다.

작년에 들었던 개구리 울음소리가 어찌나 씩씩했던지 스마트폰에 녹음을 했던 기억이 있다. 좀 쉬고 나서 찾아보아야겠다.

다행히 스마트폰에 녹음했던 개구리 울음소리가 있었다. 여전히 "개굴개굴 꽥~꽥~" 힘차고 씩씩한 소리가 참 좋았다.

매해 5월이 오고 넝쿨장미가 피어나기 시작하면 그 앞을 천천히 왔다 갔다 한다. 그럴 때면 곧 들려올 듯한 개구리 소리와 아버지 생각을 한다. 소읍 농촌에서 태어났기에 넝쿨장미가 피기 시작하는 5월 밤에 듣는 씩씩한 개굴, 개굴 소리가 그리 좋을 수가 없었다. 그 5월에는 아버지 벼농사 얘기를 들었다.

오늘 엄마에게 "니 아버지 이름이 생각나지 않는다"는 기막힌 얘길 들을 것을 예지했을까 해서, 아버지 생각이 그리도 간절했었나 보다.

오랫동안 사용해 약간 꺼졌으나, 그래서 더 부드러워진 소파에 깊숙이 누워 생각을 정리하려 했으나 천 갈래 만 갈래였다. 일어나 앉았다.

앞으로 우리 엄마는 어떤 치매증상을 갖게 될까? 치매 행동심리증상BPSD[3]에 대해 생각했다. 치매 이상행동은 탈억제, 반복행동, 배회, 초조, 공격성 등이 있다. 정신증상은 편집증상, 착오 망상과 환시, 환청, 환촉 등 환각이 있다.

아. 더 찾아보아야겠다는 생각이 들었다.
앉아 있던 소파에서 일어나 서재 한구석에 있는 치매간호 교재를 찾아 들었다. 치매 증상 부문을 빠르게 살펴보고, 개인적인 임상경험과 연구 당시 만난 치매질환자 증상을 정리해 보았다.

첫째, 집에서도 집에 가야 한다고 짐을 반복해서 싸는 증상은 많은 치매질환자에게 나타나는 행동이다. 개인적 경험에 의하면 여성 노인에게서 많이 나타나는 것 같다. 특이하게 가방에 짐을 싸기보다는 보자기에 짐을 싸는 이들이 많았다. 아마도 70~80대 노인은 어린 시절에 가방이 귀해서 보자기를 상용했을 것이기에 그러하리라.

둘째, 물건을 숨기고 자꾸 쌓아두는 증상이다. 이는 치매 강박 행동으로 누군가 자신의 물건을 훔쳐 갈 것이라는 강박적인 사고이다. 특히 자신이 가진 돈을 어디다 숨겨 놓은 채 찾지 못하는 경우가 다반사이다. 돈을 누군가 가져갔다는 망상이 심해져 도둑이라고 소리지르며 가족, 간병인들 머리채를 잡는 경우도 있다. 관심을 다른 것으로

---

[3] BPSD (Behavioral and Psychological Symptom of Dementia)

돌려 잊기도 한다. 그러나 일부 노인은 결국 모두 나서서 돈을 찾을 수밖에 없는 상황을 만드는데, 찾아보면 옷 속, 장롱 속, 속옷 안, 양말 바닥 등에서 나온다. 이 의심증상은 돈을 찾기 전에는 해결이 어려운 경우가 많아 의료인, 간병인들이 힘들어 한다.

셋째, 부적절한 성적 행위를 보이는 증상이다. 이런 증상을 보이는 치매질환자는 참 민망한 상황을 연출한다. 여성 노인은 남성의 성기에 집착하는 경우가 있다. 남성 노인은 예쁜 여성 노인을 만지고 싶어 그 옆을 배회하기도 하고, 실습을 나온 간호학생들을 자주 찾는 경우가 있다.

넷째, 대소변을 만지거나 문지르는 증상이다. 우리나라에는 오래전부터 참 요상한 유머 아닌 유머가 있다. "너는 꼭 벽에 똥칠할 때까지 살아", " 당신은 벽에 똥칠할 때까지 살게 될 거야". 개인적으로 이 유머가 그리 달갑지 않다. 실제 노인장기요양보험 도입 이전에 집에서 돌봄을 제공하는 경우가 많았다. 가족이 가장 힘들어하고 스트레스를 받는 부분이 환자가 대소변 처리를 못하는 것이었다. 문제는 똥을 싸고도 옷을 갈아입지 않으려고 해서 가족들이 힘들어하는 경우이다.

다섯째, 공격성, 즉, 폭력적인 증상이다. 치매질환자는 자신의 물건이 없어졌거나, 의견이 무시된다고 생각하는 경우 폭력적 행동을 한다. 소리를 지르고 욕을 하는 경우가 있다. 요즘은 많이 줄어들었으나, 1980~90년대에는 치매 초기 여성 노인이 며느리, 특히 외며느리, 맏며느리가 밥을 주지 않는다고 심한 욕을 하는 경우가 많았다.

여섯째, 의처증, 의부증 등 부정망상이다. 이 증상은 심각하게 나타나는 경우가 많은데, 밤에 자는 배우자에게 부엌칼을 들고 죽인다고 하는 경우도 있고, 집에 배우자의 이성 손님이 오거나 외출을 했을 때 심각한 폭언을 하는 증상을 보인다. 배우자의 옷을 모두 찢거나 버리는 증상도 나타난다. 이 경우에는 요양원이니 요양병원 입원을 할 때 역시 도망가는 등 심각한 행동을 한다. 병원 앰뷸런스 직원으로는 통제가 어려워 경찰을 동행해 입소하는 경우가 있다.

일곱째, 착오 망상으로 잘 알아보지 못하고 기억하지 못하는 증상이다. 친구, 친지, 자식들을 헛갈리는 경우가 있다. 또한 자신과 자식의 집을 헛갈려 하는 경우가 종종 발생하기도 한다. 초기 치매 노인 이야기이다. 동네에 어떤 미용실에서 웨이브(펌)를 하고 수건을 쓰고 집에 다녀온다고 갔다가 마무리를 위해 찾아간 미용실은 전혀 다른 곳에 있는 미용실이었다는 것이다. 그리고 미용실에서 웨이브(펌) 한 것을 마무리 해주지 않는다고 고집을 부려서 난감한 경우가 있었다고 들었다.

여덟째, 가족을 낯선 사람으로 착각하는 증상이다. 딸이 많은 집안의 엄마가 치매 증상이 나타나면서 딸들에게 번번이 "넌 누구니? 넌 첫째니? 둘째니?"하고 묻는 등 자주 나타나는 치매 증상이다. 개인적 경험에 의하면 치매질환자가 외아들, 맏아들은 가장 마지막까지 기억하는 것 같다.

아홉째, 낯선 이를 아는 사람으로 착각하는 증상이다. 언젠가 만났던 이로 착각하는 경우가 있다. 어떤 치매질환 노인은 간병인을 자신의 처로 착각했던 예도 있다.

치매 환자에게 나타나는 증상은 통상 위 아홉 가지이나, 이외 계속 웃는 증상, 끊임없이 욕하는 증상, 배회하는 증상, 늘 춤추고 노래하는 증상 외 십여 가지 이상 특이한 증상이 더 있다.

2019년 국가건강검진 인지기능검사 자료도 검색했다. 국민건강보험공단 국가건강검진 인지기능검사 수검자 비율은 62.6%이며, 60세 이상 치매안심센터 전체 등록인원은 약 176만 명이었다. 전체 노인장기요양서비스 이용자 중 치매환자 비율은 46.7%이고, 인지지원서비스를 이용 중인 치매질환자 비율이 85.3%로 높았다. 치매질환자 중 노인장기요양보험 재가급여 이용자는 약 17만 명이다.

우리나라에서도 치매질환자가 가파르게 늘고 있고 앞으로 더 늘 것이다. 치료 약제조차 없이 마치 전쟁 중에 무지막지한 폭격같이 맞아야 하는 치매라는 질병이라니.

간호대 학생이었던 시기에 동기들과 자주 얘기했었다. 사람이 살아가면서 또는 죽을 때까지 치매와 뇌졸중에 걸리지 않는다면 비교적 행복한 인생일 것이라고. 사람이 한평생 저장했던 기억을 가장 최근 기억부터 서서히 잃어가고, 자기 몸조차 스스로 제대로 가누지 못한 채 누군가의 도움에 의지해 살다 떠나야 한다는 사실이 두려웠었다.

치매국가책임제에 대해서도 검색을 했다. 치매관리사업의 컨트롤타워인 중앙치매센터와 전국 17개 광역치매센터를 중심으로 각 지방자치단체의 보건소에 위치한 256개 치매안심센터가 핵심적인 역할을 하고 있었다.

치매국가책임제의 주축인 치매안심센터는 치매예방교실, 치매 조기검진, 조호 물품 제공, 맞춤형 사례 관리, 쉼터 제공, 실종노인 발생 예방 및 찾기, 치매환자 가족 상담, 치매 공공 후견사업, 치매환자 보호 등 치매 환자와 치매 환자 가족들을 위한 다양한 서비스를 제공하고 있었다.

일단 휴가를 내야 했다. 그 생각을 하다가 한 순간 아차… 했다.
최근 엄마를 방문하는 요양보호사가 몇 차례 전화로 전한 얘기였다.
"엄마 증세가 점점 심해져요. 여기저기 전화해서 따님들에 대해 이상한 얘기를 해요. 요즘엔 무섭다고 하고, 자주 돈을 잃어버렸다고 하세요. 딸들 박사까지 만들어 주었는데 남동생 빚도 해결해 주지 않는다고 막 욕을 해요. 특히 큰 따님에게요. 큰 따님한테 전하기도 민망해요"

민망하긴 내가 백배 더한 것을. 진짜 미치고 팔짝 뛰겠다. 그러나 망상이고 증상인 것을 어쩌랴.

엄마와 딸은 너무 닮았고 또 너무 다르다. 많은 모녀 관계가 그렇듯이 애증 관계이다.

엄마는 맏이가 얼마나 힘들게 일하고 공부하며 살아냈는지 잊은 것이다. 주말과 저녁에 급한 강의, 회의나 학회가 있어 셋째에게 아들 규를 부탁할 때마다, "너는 무슨 공부에 그리 미쳤냐. 공부를 해서 무슨 큰일을 하겠다고 그러니? 지 동생 시집은 보내지 않고, 저만 잘살겠다고 공부하니? 너 진짜 밉다. 너 공부에 내 딸 고생시키지 말아." 수시로 모질게 말했다. 당시엔 참 많이 서운했었다.

그랬던 엄마가 이제 맏이를 곱게 키워 박사까지 만들었다는 망상이 생겼다. 엄마의 망상은 회상성 기억조작 Retrospective Falsification인 듯하다. 모두 잊었다. 아니 잊고 싶었나 보다. 저 어두운 무의식 깊은 곳에 기억을 가두었을지도 모르겠다.

엄마는 어려운 집안 형편에 사범학교 진학을 포기했던 한이 그림자로 남아 있다. 내 엄마 이전, 그 이전의 한 사람으로서 이면의 삶 Unlived Life일 것이다.

엄마는 일흔을 넘기면서 하루 평균 대여섯 번 전화를 했다. 전화는 엄마의 일상이었고 자식사랑 표현이었으리라. 때에 따라 필요한 비용을 요청하는 경우 말고는 비교적 잘 지내는 편이었다. 그 요청이 큰 무리 없이 지출 가능한 선이면 이체를 하곤 했다.

그러나 내 나이 마흔 즈음에 심한 척추손상이 되었고, 엄마의 과도한 요구에 아주 못되게 굴기도 했었다. 엄마에게 자식으로서 도리를 다하려고 했고 소홀하지는 않았으나 자주 못되고 못난이같이 말을 했다. 가끔 속이 상할 때는 "그렇게 끔찍하게 더 사랑했던 자식들에게 더 많이 요구하라"고 말도 되지 않는 억지까지 부렸다.

열 손가락 찔러 아프지 않은 손가락이야 있을까만, 엄마의 자식 편애는 드러나게 심했다. 몇 자식에게 향한 왜곡된 사랑과 인식은 밭을 가는 농부의 말을 듣지 않고 일하다 밭 중간에서 버티고 서 있는 소와 같았다. 어쩌면 소띠 엄마라 그리 생각했을 수도 있겠다.
특히, 외아들에 대한 애착과 집착이 지나쳤다. 어떻게 하면 저럴 수 있는지 참 모르겠다는 생각을 하며 살았다. 이제 와 돌아보면 엄마 이전에 한 사람인 것을, 자식이라도 더 정이 가는 자식이 있겠지, 사람 좋아하는 것은 감정인 것을 어찌하랴 싶다.

내 몸과 마음이 아프고 불편할 때마다 "많이 바쁘다, 아프고 피곤하다"고 자주 엄마를 방문하지 못하는 이유와 핑계를 만들기도 했다.

전화 또한 대충 건성건성 받을 때도 많았다.

엄마로부터 전화로 그러저러한 이야기를 들을 때마다 필요한 식품, 물품과 용돈을 보내는 것으로 책임을 다한 듯 지나가곤 했다. 어쩌면 복잡하고 바쁘다는 것은 핑계였고, 엄마 성향상 치매가 오지 않을 것이라는 과도한 낙관이었을 것이다. 통화할 때 셋째가 전하는 엄마 증상에도 그저 건망증이고 노인이 되면서 변하는 성격일 것이라고 답하곤 했었다.

도대체 이 대책 없는 낙관은 어디서 온 것이었을까?

2020년 1월, 아프리카 가나 방문을 마치고 돌아온 이후 오후 네 시간 정도 엄마를 만났다. 셋째가 전하길 엄마 늑골 몇 군데가 골절이 돼 통증이 심하고 호흡이 가빠 화장실 출입조차 어려운 상태라고 했다. 셋째 의견은 무시하고 엄마 의지로 집 근처 동네의원에 입원했는데, 야간에 간호사도 상주하지 않는 곳이라 개인 간병인이 필요하다고 했다.

그 당시에는 집 앞마당에서 미끄러져 넘어졌다는 사실은 기억했다.

고향 소읍에는 종합병원은 없고, 요양병원과 의원과 한의원 몇 개소가 있을 뿐이다.

엄마를 방문해 요양병원으로 옮겨 입원치료를 받길 권유했으나 완강히 거부했다.

그 한나절 엄마가 입원한 정형외과 의원에서 많은 얘기를 했다. 화장실 출입과 식사를 스스로 할 수 있는지 확인했다. 입원 후 1주일여 시간이 지나서인지, 진통제 덕분인지 병원에서 나오는 식사도 잘했고, 보조기를 이용해 큰 무리없이 화장실 출입이 가능했다.

맏이와 대화에서 주요 주제는 늘 그러하듯 엄마의 아들 걱정이었지만 3시간 이상 이야기할 수 있었다. 엄마는 고향 친구와 이웃 중 먼저 떠난 이들 얘기, 요양병원에 입원한 시동생과 친구들 이야기도 했다.

아!!! 돌아보니 엄마 얘기에 등장했던 인물이 주로 과거에 만났던 이들이었다.

아마도 그 이전부터 인지장애가 진행되고 있었을 것이다. 그러나 맏이 앞에 늘 당당한 엄마로 보이고 싶어서였을까. 심각한 인지장애를 발견하지 못했다.

그 후 코로나-19 국면에서 회사 업무와 4.15 총선 등 바쁘다는 핑계로 몇 개월이 지나도록 한번 방문조차 못하고 있었다.

엄마와 많은 시간을 함께하지 못했다는 죄책감일까? 스스로 죄책감을 덜어보려는 것인지, 자신에게 면죄부를 주기 위함일지도 모르겠다.

다른 집 자녀들의 부모와 동거현황도 살펴보기로 했다. 2017년도

조사에 따르면 자녀와 동거하는 노인[4]은 23.7% (20여 년 전: 54.7%)이었다. 현재, 노년기에 자녀와 동거하지 않는 단독가구 형태가 우리나라에서 일반적 현상이었다.

자녀와 동거하는 노인 현황에 대해서도 살펴보았다.

먼저, 자녀와 동거하는 노인의 경우에도 전통적 가족 형태로서 기혼 자녀와 동거하는 비율은 10.2%에 불과했다.

둘째, 노인 중 13.5%는 미혼자녀와 동거하나, 이들은 결혼 또는 취업으로 독립할 가능성이 높아진다는 점을 고려해야 한다. 따라서 전통적 확대가족 형태로 생활하는 노인은 10명 중 1명 정도였다.

셋째, 기혼자녀와 동거하는 전통적인 가구 형태를 이루고 있는 노인의 동거에서 가장 많은 이유는 '자녀 가사지원·손자·녀 양육에 도움을 주기 위해서'(27.3%)였다. 또한, '경제적 능력이 부족해서'(19.5%), '본인·배우자 수발이 필요해서'(15.9%), '자녀의 경제적 능력 부족' 및 '기혼자녀와 동거가 당연하기 때문'(14.8%)이었다.

다음으로 자녀와 동거하지 않는 노인(비동거 자녀 관계) 현황에 대해서도 살펴보았다. 비동거 자녀의 부모 부양 실태는 다음과 같았다.

첫째, 정서적 지원 수혜율은 70.2%, 제공률은 59.1%였다. 또한, 도구적 지원 수혜율은 34.5%이나, 제공률은 7.1%에 불과했다.

둘째, 가사 지원 등의 도구적 지원이나 간병 및 병원 동행 등의 수

---

[4] 한국보건사회연구, 보건복지포럼(2018.10.), 노인의 가족 현황과 전망, 한국보건사회연구원 부원장 정경희,

발 지원은 상호 간 방문이 필요한 활동이라 정서적 지원에 비해 제공률 및 수혜율이 모두 낮았다.

셋째, 경제적 지원에서 수혜율은 현물 지원 89.3%, 비정기적 현금 지원 86.4%, 정기적 현금 지원 59.4%였다.

이것이 우리 베이비붐 세대 그리고 부모 세대의 현실이었다.

노부모가 타 지역, 원거리에 거주하는 경우, 또는 자식이 맞벌이를 하는 경우 어쩔 수 없이 부모 방문이 수월치 않다. 필요할 때 방문조차 못 하면 부담감은 백 배, 천 배이다. 최근 부모를 부양하는 세대는 주로 베이비붐 1세대로 1955년부터 1963년생이다. 이들은 2차 베이비붐 세대(1968년-1974년)에 비해 부모로부터 경제적 지원을 받지 못했고, 독립, 자수성가한 세대이다.

그럼에도 이들 세대는 부모와 자식을 동시에 부양해야 하는 세대이다. 부모와 자식 부양을 동시에 하는 마지막 세대가 되지 않을까 생각한다.

아들이 고등학교를 졸업해 공식적인 육아가 끝났고, 친정아버지가 떠나셨던 2008년 이후부터 어렵더라도 어찌어찌 시간을 내 일 년에 하룻밤이라도 엄마 집에서 같이 지내기로 했다. 엄마는 맏이와 지내는 하룻밤을 좋아했다. 밤엔 여느 모녀처럼 사소한 의견 충돌로 큰소리를 내기도 했다. 그러나 다음날은 여지없이 엄마 성화가 시작되는지라 아침 일찍 일어나야 했다. 엄마 집에서는 절대 늦잠을 잘 수 없었다. 새벽부터 밥상을 차려놓았기에 일찍 일어나는 수밖엔 달리 방법이 없었으니. 그러나 엄마가 직접 해주는 미역국, 산적 맛은 늘 최고였다.

　아침 식사를 마치면 엄마는 아버지 묘지에 가야 한다고 서둘렀다. 그렇게 매번 아버지 묘지에 같이 다녀왔다. '이제 나는 누구와 아버지 묘지를 갈지…….'

　아버지 묘지 방문이 끝나면 엄마는 집 맞은편에 있는 잘 정비된 재래시장에서 평소 필요했던 것들과 사고 싶은 것들을 구입하곤 했다. 옷, 신발, 모자, 안경, 전자제품 등 꼭 필요한 것을 사는 것이라기보다는 원하는 모든 것을 구입해 주는 맏이가 있다는 사실을 행복하게 즐기는 듯했다. 엄마는 그 시장 안에 있는 상점 대부분을 들러 이것저것 살펴보고 살 수 있는 시간을 매우 좋아했다. 엄마의 둥근 눈은 더 동그랗게 반짝였다. 들어가는 상점마다 "우리 큰애……" 이 말로 시작했다. 엄마가 좋아하는 것들이니 나 역시 기쁘게 지출하곤 했다. 엄마를 위해 지출하는 조금 과한 비용이라 해도 엄마가 행복하니 그러했다.

　그런데 이렇게라도 엄마 집 방문을 결정할 때에도 미리 알릴 수가 없었다. 방문 시일을 정하고 나면 급히 해결할 일이 발생하는 경우가 많았다. 무엇보다도 엄마의 확인 전화에 시달려야 했기에 더욱 더 그리했다.

그저 시간이 허락하는 날 청량리역에서 기차를 타곤 했다. 약 3-4년 전부터는 금요일 늦은 저녁 시간에 집에 도착해 보면 대문과 현관문을 꼭꼭 걸어 두고 있었다. 엄마는 요양보호사가 저녁을 차려주고 돌아간 이후엔 늘 TV 볼륨을 높여놓고 시청하고 있었다. 대문 밖에서 "엄마, 엄마" 하고 큰 소리로 몇 번 부르다 지쳐 전화를 해야 놀란 듯이 나왔다.

엄마가 전화할 때면 빼놓지 않고 아들 걱정을 했다. 나는 그 요구가 무리하지 않는 정도이면 이체를 하곤 했다. 열 손가락 찔러 아프지 않은 손가락이야 있을까만. 엄마의 아들자식 편애는 점점 더 드러나게 심해지고 있었다. 엄마는 아들 없는 외할머니의 둘째 딸이기에 앞으로도 어쩔 수 없을 것이라고 생각하곤 했다.

가끔씩 딸들에게 "니들이 이리 잘 사는 것은 남동생의 힘이 있어서 그런 것이다"라고 얘기하곤 했다. 아버지 살아 계실 때에는 가끔 "내가 남자 형제가 없어서 네 아버지가 무시하는 것 같다"는 얘기도 했다. 외할머니 영향이리라.

엄마에게 아들은 신념이었고 종교였다.

엄마는 여든이 되기 이전까지 비교적 예의 바르게 사회활동을 했다. 성당 미사와 공동체 생활도 성실히 했다. 성당 레지오 간부 활동과 묵주기도는 엄마 삶의 일부이기도 했다. 또 동창생 모임도, 동네 동갑네 모임, 소띠 모임에 총무, 회장 역할도 잘했다.

아버지가 가신 이후 2019년 말까지 집 근처 여성복지관을 다녔다. 파킨슨병 증상으로 떨리는 손임에도 붓글씨를 잘 썼다.

가끔 맏이가 신문에 쓴 칼럼을 보면서 글을 쓰고 싶다고 했다. 엄마는 "내가 너보다 더 똑똑해, 글도 더 잘 쓸 수 있어."라고 했다. 나는 "그려요. 그럼, 그럼, 잘 쓸 수 있지요, 일단 시작하셔요." 그렇게 글쓰기 반에도 들어갔다. 노래교실도 가랬더니 시끄러워 싫다고 했다.

엄마의 글은 모르겠고, 붓글씨 쓰기와 도자기 만들기는 썩 괜찮은 결과물을 내었다.

엄마의 붓글씨 작품은 여든이 넘은 노인 작품치고 썩 좋아서 작은 전시회라도 열어주려고 생각하고 있었다. 작품은 엄마 집에 잘 말아 두었다. 약속을 했으니, 코로나-19가 잘 끝나고 날씨 좋은 날 잡아 요양원 정원이나 현관 어디에서 간단한 전시회를 해야겠다. 그 전시회가 다음 해 엄마 생일파티 겸해 가능하길 바래 보았다.

엄마는 파킨슨병이 시작되었던 10년 전부터 요양병원도 요양원도 가지 않겠다고 선언을 했다. 이유는 자식들이 이렇게 많은데 창피해서 갈 수 없다는 것이었다. 설득 불가, 요지부동이었다. 엄마가 쓰러져 움직일 수 없거나, 의식이 없거나, 치매 증상이 나타나기 전에는 요양병원이나 요양원 입소는 무리라고 판단했다.

노인장기요양보험 심사에서 재가급여서비스 인정을 받았고, 매일 요양보호사가 3시간 방문을 했다. 요양보호사가 평소 엄마와 같은 성당엘 다녔고 잘 아는 사이라 다행이었다. 그러나 엄마 상태로 인해 추가시간이 필요할 때가 점차 늘어났다. 이때 발생하는 추가시간에 대해서는 간병비용을 지불해야 했다.

더 이상 엄마 혼자 집에서 일상생활이 힘들어지고 있었다. 병원 입원이나 요양원 입소를 간곡히 권했으나 설득 불가였다. 이전에 외할머니가 엄마 보고 "쇠심줄 같은 고집"이라고 했었는데, 딱 그런 것 같다.

영민하고, 맏이에게 무법자였던 우리 엄마가 치매라니.

치매 증상은 점차 진행되고 악화될 것이다. 엄마가 기억을 잃어가며 생을 마감해야 하는 현실이 안타까웠다. 그래도 맏이인데. 좀 더 자주 방문하고 신경 쓰지 못해 죄스러운 마음이 들었다.

이제 엄마와 맑은 정신으로 대화할 시간이 얼마나 남아 있을지 모르겠다.

엄마의 치매 증상이 오롯이 맏이에게 향하고 있다. 차라리 다행이다. 통상 여성 노인 치매 증상은 며느리, 즉 맏며느리, 외며느리 험담과 폭언을 하는 것으로 시작한다고 한다.

엄마 경우는 어쩌면 다행이라는 생각을 했다.

며느리가 무슨 죄란 말인가? 엄마 아들이 남의 집 귀한 딸 데려왔고, 예쁜 손자, 손녀 낳아 잘 키우고 있다. 이젠 조상 제사 지내는 것까지 책임지고 있다.

치매 증상이 나타난 시어머니의 험한 말까지 듣게 할까 걱정했는데, 그 대상이 맏이라니 그나마 다행이다.

내 입장에서야 엄마에게 친절하지 못하고 시니컬한 올케에 대해 큰 애정이나 연민이야 있을까만 그저 그런 현실 인식일 뿐이다.

세대 차이, 인성 차이를 어쩌겠는가?

무엇보다 세대가 다른 것을.

극복 불가이다.

80년대 학번과 90년대 학번의 차이? 40대와 50대의 차이? 문화가 다르다. 이런 사회문화 부문은 내 전공이 아니니 예단하고 싶진 않다.

다만 50대 딸은 그 몫을 하고, 40대 딸과 며느리는 또 그들 몫을 하는 것이려니 생각한다.

누구의 강요, 설득, 요구가 무슨 의미가 있겠는가?

우리는 모두 제 철학에 의해, 제 몫의 삶을 살다 가는 것이려니.

오늘날 우리는 어떻게 의미있는 삶을 살 것인가에 대해 고민이 부족하다. 즉, 삶의 의미에 대한 고민이 줄고 무의미가 확대되는 시대이다. 이런 상황에 우리 학교교육, 직업교육, 평생교육 현장에서 단지 지식 전달에만 그치지 않기를 바랄 뿐이다. 교육은 사람의 양심을 찾고 정화시키는 역할에 충실해야 한다는 생각이다. 사람이 사람답게 살도록 이끌어 주는 바른 규범, 철학, 가치에 대한 고민이 점차 줄어들고 있어 안타까운 상황이다. 그럼에도 포유류 중 사람에게만 있는 양심을 자기 스스로 바라보고 정화시킬 수 있는 능력을 길러주길 바란다면 과한 욕심일지.

엄마에게 온 치매 증상을 생각하니 한 사람의 인생이 참 서글프고 안타깝다. 우리는 존중받아 마땅한 사람이기에 마지막 순간이 오기 전에 스스로 자신의 삶 전체를 뒤돌아보는 작업이 필요할 것이다. 상처가 있다면 대화할 시간을 갖고, 용서하고 용서를 청하는 것이 옳을 것이다.

그런데, 이미 치매 증상이 나타난 엄마는 어떻게 해야 할까?

바라건대, 요양병원 입원 또는 요양원에 입소하게 되면 '아름답고 존엄한 죽음'을 맞을 수 있도록 도울 프로그램이 있길 바란다.

이후 매주 한 번만이라도 엄마와 얘기하고 기도할 시간이 있었으면 좋겠다. 엄마가 자신의 생을 돌아보며 "잘 살아왔다" 얘기할 수 있고, 아름답고 존엄하게 삶의 마지막을 맞을 수 있도록 도울 수 있는 기도문을 작성해서 보내야겠다는 생각을 해보았다.

제2장   엄마의 치매증상

엄마를 어떻게 케어할 것인가?

우리 엄마에게 찾아온 치매질환, 증상들로 가뜩이나 복잡한 머리가 점점 더 복잡해지고 있었다.

이제부터 어떻게 관리를 해야 할지에 대해 구체적이고 체계적인 계획을 세워야 하겠다. 무엇보다도 먼저 엄마와 요양병원 입원 또는 요양원 입소에 대한 대화가 필요하겠다. 그리고 맏이에 대한 왜곡된 인지, 망상의 원인이 무엇인지에 대한 분석도 가능했으면 좋겠다. 아마도 불가능할 것이나, 엄마를 위해서, 맏이의 남은 인생을 위해서도 그랬으면 좋겠다.

엄마 마음을 안정시키면서 편하게 대화할 장소가 필요하다고 생각했다.

가장 편한 곳이 어디일까?

그래도 우리 집이 비교적 나을 것이다.

내 몸 상태로 다만 며칠이라도 엄마와 함께 보내는 것이 가능할까?

아마도 불가능할 것이다. 그렇더라도 일단 저지르고 보자. 그리고 주위에 도움을 청해보자.

어쨌거나 이제부터 가능한 빠른 시간 내에 엄마를 만나야 했다.
엄마 집 방문을 위해 단양역으로 가는 기차표를 끊고 난 이후에 의자 간 거리, 밀폐된 공간에 대해 우려했다. 다행스럽게 새마을호는 의자 간격이 좀 넓다고 했다. 코로나-19 팬데믹 사태로 마스크를 쓰는 상황이라 거리두기와 방역을 위해 새마을호 기차를 선택했던 것이다.
COVID-19 발생 이후 현재까지 방역지침 준수에 더해 손세정제와 알코올 티슈를 휴대하고 다닌다. 마스크 대란 발생 당시에는 면 마스크에 필터를 붙여 착용했다. 대란이 끝난 후 현재까지 KF94를 이용한다. 당연히 확진자의 동선과 밀접 접촉 지역은 피한다. 생활 속 거리두기는 2m를 지키려고 노력한다. 눈총도 다수 받았다. 그 마음도 이해한다. 무엇보다도 택시, 버스와 기차 내에서는 절대 마스크를 벗지 않는다. 운송수단에 올라타는 순간 휴대용 알코올 티슈를 이용하여 주변을 닦고, 휴지통에 버리기 전까지 비닐에 넣어 둔다.

또한 벨 등 접촉이 필요한 경우 손등을 이용한다. 외출 후 귀가하면 옷을 벗어 세탁기에 넣고 샤워를 한다. 옷은 물빨래가 가능한 것으로 착용한다. 집과 실내 청소에 방역용 알코올을 이용하고, 자가에서도 생활 속 거리두기 실천이 원칙이다. 안경과 휴대폰은 반드시 알코올 티슈로 닦아 이용한다. 또한 공중화장실 이용은 자제하고 있으나, 피할 수 없는 경우 휴대용 알코올 티슈를 이용해 문고리와 변기를 잘 닦고 볼일을 본다.

코로나-19 발생 이후 철마다 걸렸던 독감과 수시로 달고 살았던 감기가 걸리지 않았으니 감사하다. 방역지침 준수 덕분이다. 방역지침 준수는 소중한 나, 가족 그리고 주변 보호를 위함이다. 사람보다 더 소중한 것이 있을까? 사람에 대한 배려와 사랑이 없는 교육, 정치, 종교의 의미는 무엇인지, 거창한 의미까지 갈 것도 없이 그저 상식이다. 중증장애인으로 더 오래 잘 먹고 잘 살고 싶은 것이 아니다. 그저 소중한 나와 주변에 도움을 줄 수 없더라도 폐를 끼치고 싶지 않다는 생각이다. 생활 속에서 감염돼 슈퍼전파자가 되고 싶지 않기 때문이다. 현재는 제대로 쓰는 마스크가 답이다. 최선이다.

코로나-19 바이러스 백신과 약제가 개발 되어 백신 접종과 함께 곧 치료도 가능해질 것이라고 생각한다. 그리하여 코로나-19 팬더믹 사태는 종료될 것이다. 바이러스와 전쟁이 종식되는 날이 부디 빨기 오길 기도하는 마음이다.[5]

---

[5] 위 글은 저자가 2020년 충청타임즈에 기고했던 칼럼 중에서 발췌함. http://www.cctimes.kr/news/articleView.html?idxno=625122

그런데 우리 엄마 치매는? 이제 어떻게 해야 할까?

엄마를 만나면 무엇을 먼저 해야 할까?

일단 대화가 가능한 수준인지 판단을 해야 한다. 잠깐잠깐 기억을 놓을 때를 제외하고 정상 인지상태일 때 가능하다면 대화를 시도해 보기로 했다.

파킨슨병과 알츠하이머 치매질환의 진단, 증상, 관리 과정, 죽음 단계까지 빠르게 머리를 스치고 지나갔다.

엄마 집으로 가기 위해 집을 나서면서 들고 나온 치매 책자[6]를 펴 들었다. 모든 질병의 진행 과정이 대상자에 따라 다르듯 치매질환 역시 다양한 양상을 보인다. 백인백색 만인만색이듯 질병 증상과 진행도 개인차 역시 상당히 크다는 사실이다.

통상 알츠하이머 치매질환은 3단계로 진행되는데, 평균 10년 정도 생존한다고 한다. 각 단계는 3년 정도라고 볼 수 있다. 예외적인 경우도 있는데, 알츠하이머병 발병 후 3~4년 만에 사망에 이르고, 어떤 이는 20년 넘게 생존하는 경우도 있다고 한다. 먼저 1단계에서는 기억력, 체계적인 집행기능의 장애가 나타난다. 그리고 2단계에서는 언어, 행위, 시·지각 장애가 발현될 것이다. 마지막 3단계에서는 신체기능의 장애로 걷기, 배변·배뇨 조절, 삼키기 등에 점차적으로 문제가

---

[6] 미라마쓰 루이 저, 홍성민 역, 치매부모를 이해하는 14가지 방법, 2019, 뜨인돌.

발생하게 될 것이다.

엄마 집에 도착해 간단한 검사라도 해 볼 수 있을까 생각을 해 보았다. 노인장기요양보험 대상자에게 사용하는 치매진단용 질문지로 검사를 해 볼 수 있을까? 가능하면 그림 검사도 해 보고 싶었다. 엄마는 파킨슨병으로 오른손 떨림 증세가 심하니 그림 검사가 가능할지는 살펴보아야 하겠다.

그러나 검사는 바람일 뿐 아마도 어려울 것이다. 자식은 자식일 뿐 검사자도 치료자도 될 수 없다는 사실을 잘 안다.

치매 관련 전반적인 검사가 필요할 것이다.

어떤 병원에서 진단을 받을 것일까? 파킨슨병 증상이 심하니 재활병원이 어떨까. 엄마는 전에 수술을 받고 치료를 받아 익숙한 대학병원에 가고 싶어 할 터인데 이는 또 어떻게 설득할 것인가?

그리고 요양병원 입원 또는 요양원 입소 등에 대해 결정을 해야 한다. 모두들 바쁘니 온라인 가족회의를 해야겠다.

우리 엄마에겐 어떤 치매증상이 나타날까?

그간 들었던 치매질환자의 특이한 증상들을 떠올려 본다. 그동안 이러한 증상에 대해 들으면서 웃을 수도 울 수도 없었는데, 이제 내 일이 되었다.

누구도 예측 불가한 것이 사람의 일이라니.

암환자인 딸의 엄마 치매 이야기

딸이 유방암 진단을 받고 항암치료를 하던 시점에 간병을 도왔던 엄마 이야기이다. 사랑하는 막내딸의 암투병을 안타깝게 여겨 집안일을 도와주던 엄마의 인지에 문제가 생기기 시작했다. 엄마가 밥을 하고 설거지를 할 때 나 또한 청소를 할 때는 평소와 다른 모습을 보였다. 평소 매우 깔끔했었는데 마무리를 제대로 못 했다고 한다. 때론 전기밥통을 눌러놓지 않아 밥을 먹으려고 하면 생쌀인 경우가 있었다. 또한 반찬엔 소금을 지나치게 많이 넣거나, 넣지 않기도 했다. 어느 날은 소금이 아닌 설탕으로 간을 했다고 한다. 가족들 주려고 가스레인지에 올려 둔 꼬리곰탕을 태우는 일이 자주 발생하곤 했다고 한다.

그러나 이 딸이 간호사였기에 즉시 병원 방문을 해 제반 검사를 통해 약제를 복용토록 했으니 다행이었다. 딸이 가까이에서 살펴보았기에 조기발견이 가능했던 케이스이다. 엄마는 치매 증상을 좀 더 늦출 수 있었고 1년 정도 딸과 동행했다. 딸과 서로 도우며 생활하다 1년 후 요양원에 입소했다. 현재 딸은 완치되어 병원 업무에 복귀했다.

독신 딸과 치매 노모 동행 이야기

　우리나라에서 2008년 노인장기요양보험 도입 초기에 가족 중 요양보호사 자격이 있으면 가족요양급여가 인정되었던 시기가 있었다. 요양보호사 양성을 많이 하던 때였다. 이 엄마의 발병은 아들의 불성실과 폭력 문제에 기인했다. 그 당시 독신이었던 딸이 요양보호사 교육을 받았고, 엄마가 떠날 때까지 간병을 맡아서 했다.
　치매 증상 발생 후 엄마와 딸 둘이서 생활하니 그리 큰 문제는 없었다고 했다. 그런데 이 딸이 엄마를 시설에 보낼 수 없었던 이유가 있다고 했다.

　그중 가장 큰 이유는 엄마가 남성만 보면 어느 순간 다가가 성기를 손으로 만지는 행위를 했기 때문이다. 고위공직자의 부인으로 9남매를 잘 키운 엄마는 평소 더할 수 없을 만큼 현모양처였다. 평생 단정했고 조신하게 생활했다. 이 딸은 자신이 독신이었기에 다행이었다고 했다. 딸과 산책을 하는 경우에도 순간순간 매우 난감한 상황이 연출되곤 했다. 아무리 잘 살피며 산책을 하더라도 어느 순간 남성이 있으면 앞으로 다가간다고 했다. 또한 엄마는 옷을 보자기에 싸 들고 몰래 집밖으로 나가는 사례가 빈번했다고 한다. 그때마다 경찰에 실종신고를 하고 빨리 찾아야 했는데, 무엇보다 걱정스런 일이 갑자기 남성들에게 달려드는 것이었다고 했다.
　이 엄마는 그렇게 시설에 있는 치매노인보다 더 오랜 시간 딸과 지내다 떠났다. 어쩌면 마지막까지 딸의 따뜻한 보살핌을 받은 행복한 엄마일 수도 있겠다는 생각이다.

어느 교수 시어머니 치매 이야기

○○ 교수의 시어머니 치매 증상은 며느리에게 욕을 하는 것으로 시작했다. 치매 증상이 나타나기 시작하면서 새벽마다 외며느리에게 전화해서 "내 아들이 네 년 말고 ○○○과 결혼을 했어야 했다."고 소리를 지르곤 했다. 며느리는 치매임을 인지했으나, 시어머니 아들과 딸은 엄마가 문제가 없다고 협조를 하지 않았다고 했다. 그 며느리는 스트레스가 너무 심했다고 했다. 여기에서 ○○○은 그녀 남편의 이전 여자 친구였다. 박사, 교수 며느리 소용없다고 악을 쓰는 일은 다반사였다.

이 시어머니는 아들이 대학교 다닐 때 교육비 마련을 위해 하숙집을 운영했다. 당시 아들 여자 친구는 엄마 집을 수시 방문해 집안일을 매우 잘 도와주었다고 했다. 시어머니 기억이 그렇다고 했다.

그러나 이 시어머니는 평생 며느리 도움을 받았다. 그럼에도 치매 증상이 나타나자 자랑스러운 아들의 대학교 시절 여자 친구에 대한 기억이 초기 증상으로 나타났다. 현재 요양원에서 잘 지내고 있으나, 한 가지 난감한 사실이 있다고 했다. 요양원에서 지내는 내내 환자복을 절대 입지 않겠다고 고집을 부리며 며느리가 보내주는 옷만을 입는다고 했다.

은퇴 교사의 치매 이야기

우리네 엄마 세대로서는 인텔리였던 교사 출신 할머니 이야기이다. 초등학교 교감으로 은퇴한 할머니는 치매 증상으로 요양원에 입소하였다. 이 할머니는 아침 기상 후 저녁에 잠들기 전 시간까지 지속적으로 험한 욕설을 하는 증상이 나타났다고 했다. 욕이 어찌나 다양하고 험한지 듣는 직원들이 오히려 민망할 정도였다고 했다. 이 할머니는 학교에 재직할 때 업무 능력도 뛰어났고, 극히 예의가 바르고 매사 반듯한 사람이었다고 했다. 학생들에게는 엄숙한 교감 선생님이었다. 가정에서는 5남매의 좋은 엄마였고 정원도 아름답게 가꾸었다고 한다. 남편에게는 순한 부인이었다고 했다. 자식들에 의하면 평소에 욕을 한마디도 할 줄 모르던 이여서 가족들이 매우 당황했고 당혹스러워했다고 한다.

어느 건축가의 치매 이야기

평생 건축가로 열심히 살고 부인과 사이가 좋았던 이다. 언제부터인가 욕하고 소리 지르는 과격한 행동을 했다고 한다. 이 건축가는 치매 증상이 나타나면서 부인이 밖으로 나가기만 하면 바람을 피운다고 난동을 부렸다. 결국 동거하던 미혼자녀는 모두 독립을 했다. 더 큰 문제는 부인이 집을 비운 사이 옷장에 있는 부인의 옷가지들을 모두 꺼내어 아파트 재활용 박스에 버렸다. 부인이 아파트 헌옷 수거함에서 찾아오는 일을 반복했다고 한다. 그런데 아파트 경비실 직원은 헌옷 수거함에서 옷을 많이 가져가지 못하도록 했다고 한다. 그 부인이 아무리 "내 옷이다" 해도 믿어주는 사람이 없어서, 집에 들어가 펑펑 우는 경우가 많았다고 했다. 현재 요양원에 입소했다. 요양원에 입소할 당시에는 온 동네를 소리 지르며 뛰어다녔다고 했다. 결국 병원 구급차 직원이 통제할 수 없어 경찰이 개입해서 요양원에 입소할 수 있었다고 한다.

은행 임원 부인 치매 이야기

남편은 평생 은행에 재직했고, 부인은 전업주부로 곱고 행복하게 살았다고 했다. 그런데 이 부인에게 나타난 치매 증상은 외출 시 자신의 가방을 도로, 골목 등에 펼쳐놓는 것이었다. 길을 가다가 가방을 무조건 쏟아버리는 것이었다. 지나가던 사람들이 가방을 챙겨 주는 일이 다반사였다.

그런데 더 큰 문제는 밤에 남편이 자고 있을 때 대형 식칼을 들고 남편을 찌르겠다고 난동을 부린다는 것이었다. 몇 번 이런 상황을 거치며 남편은 아내가 무섭다고 했다고 한다. 현재 이 부인은 요양원에 입소해서 잘 지내고 있다.

우리 엄마는 잘 웃고 예쁘고 귀여운 치매였으면 좋겠다. 이런 말도 되지 않는 바람을 가져 보았다. 치매 증상이 평소 개인 성향과 다르게 나타날 수도 있으니 부디 제발 그랬으면 좋겠다.

우리나라 제도 하에서 치매질환자를 위한 현실적인 치료방식을 생각해 보았다. 먼저 요양병원 입원이 있겠고, 노인장기요양보험 제도 이용이 가능하겠다.

치매질환자 치료 환경

1. 노인장기요양보험 이용[7]

1) 노인장기요양보험 운영체계

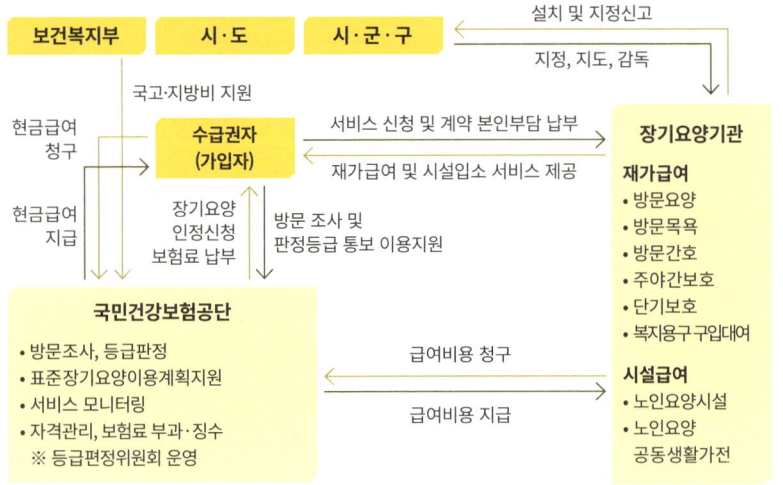

2) 개요

- 고령화의 진전과 함께 핵가족화, 여성의 경제활동 참여가 증가하면서 종래 가족의 부담으로 인식되던 장기요양 문제에 대한

---

[7] 국민건강보험, 노인장기요양보장제도, Available from: http://www.longtermcare.or.kr/npbs/index.jsp

사회적·국가적 책무가 강조.

우리나라의 경우 사회보험 방식(+조세)으로 재원을 마련하여 노인장기요양보험 제도를 도입하여 운영.

3) 목적

고령이나 노인성 질병 등의 사유로 일상생활을 혼자서 수행하기 어려운 노인 등에게 신체활동 또는 가사활동 지원 등의 장기요양급여를 제공.

노후의 건강증진 및 생활안정의 도모 및 가족의 부담 감소

국민 삶의 질 향상.

4) 주요 특징

건강보험제도와는 별개의 제도로 도입 및 운영.

- 「노인장기요양보험법」제정: 건강보험 재정에 구속되지 않는 장기요양급여 운영.

제도 운영의 효율성을 도모하기 위하여 보험자 및 관리운영기관을 국민건강보험공단으로 일원화.

국고지원이 가미된 사회보험 방식 채택

- 사회보험 방식을 근간으로 일부는 공적부조 방식을 가미한 형태로 설계·운영.

- 국민건강보험법의 적용을 받는 건강보험가입자의 장기요양 보험료 = 건강보험료 액×10.25%(2020년도 보험료 기준).
- 국가 및 지방자치단체 부담 = 노인장기요양보험료 예상수입액의 20% + 공적부조 적용을 받는 의료급여 수급권자의 장기요양급여비용.
- 수급대상자: 65세 이상의 노인 또는 65세 미만의 자로서 치매·뇌혈관성 질환 등 노인성 질병[1]을 가진 자 중 6개월 이상 혼자서 일상생활을 수행하기 어렵다고 인정되는 자.
- 수급예외자: 65세 미만의 노인성 질병이 없는 일반적인 장애인 제외.
- [1] 노인성 질병: 치매, 뇌혈관성 질환, 파킨슨병 등 대통령령으로 정하는 질병.

2. 노인장기요양보험 적용

- 적용대상: 건강보험 가입자. 공공부조의 영역에 속하는 의료급여 수급권자의 경우 국가 및 지방자치단체의 부담으로 노인장기요양보험 적용.
- 장기요양 인정: 일정 절차에 따라 장기요양급여를 받을 수 있는 권리(수급권)를 부여하는 것.

• 장기요양 인정 절차[8]

 →  →  →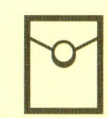

장기 요양인정신청 및 방문조사	장기 요양인정 및 장기요양등급판정	장기 요양인정서 · 표준장기요양 이용계획서 송부	장기 요양급여 이용계약 및 장기요양 급여제공
국민건강보험공단	등급판정위원회	국민건강보험공단	장기요양기관

1) 신청

- 신청자격: 노인 등으로서 다음의 어느 하나에 해당하는 자격을 갖추어야 함.(「노인장기요양보험법」 제12조)_노인장기요양보험 가입자 또는 그 피부양자, 「의료급여법」 제3조제1항에 따른 의료급여수급권자.

- 제출서류: 장기요양인정신청서, 의사 또는 한의사 소견서(이하 "의사소견서")

※ 의사소견서 제출 기한: 국민건강보험공단이 장기요양등급판정위원회에 자료를 제출하기 전까지 제출 가능. 단, 신청인이 65세 미만인 사람으로서 신청 시에 의사소견서를 제출하지 않는 경우에는 노인성 질병을 확인할 수 있는 진단서 등의

---

8 찾기 쉬운 생활법령정보, Available from: https://easylaw.go.kr/CSP/CnpClsMain.laf?popMenu=ov&csmSeq=673&ccfNo=2&cciNo=2&cnpClsNo=2

증명서류를 장기요양인정신청서에 첨부.

※ 의사소견서 제출 제외자: 신청인의 심신 상태나 거동상태 등이 현저하게 불편한 사람으로서 「거동 불편자에 해당하는 자」, 「가족요양비 지급 및 의사소견서 제출 제외 대상, 섬·벽지지역 고시」.

2) 조사

- 신청인은 장기요양인정신청서를 접수한 후에 공단의 소속 직원으로부터 다음의 사항을 조사받음.
- 신청인의 심신상태, 신청인에게 필요한 장기요양급여의 종류 및 내용, 그밖에 장기요양에 관하여 필요한 사항.

3) 심사 및 등급판정

- 조사가 완료되면 신청인은 장기요양등급판정위원회(이하 '등급판정위원회'라 함)로부터 장기요양인정 신청자격요건을 충족하고 6개월 이상 동안 혼자서 일상생활을 수행하기 어렵다고 인정되는 경우 심신상태 및 장기요양이 필요한 정도 등 다음의 등급판정 기준(7. 장기요양등급 참고)에 따라 수급자로 판정. (「노인장기요양보험법」 제15조 제2항 및 「노인장기요양보험법 시행령」 제7조 제1항)
- 등급판정위원회는 신청인이 신청서를 제출한 날부터 30일 이내

에 장기요양등급판정을 완료해야 함.
- 다만, 신청인에 대한 정밀조사가 필요한 경우 등 기간 이내에 등급판정을 완료할 수 없는 부득이한 사유가 있는 경우 30일 이내의 범위에서 연장 가능. (「노인장기요양보험법」 제16조 제1항)

4) 입소

노인장기요양보험제도와 기존 노인복지서비스 체계 비교표

구분	노인장기요양보험	기존 노인복지서비스 체계
관련법	노인장기요양보험법	노인복지법
서비스 대상	보편적 제도 장기요양이 필요한 65세 이상 노인 및 치매 등 노인성 질병을 가진 65세 미만 자	특정 대상 한정(선택적) 국민기초생활보장 수급자를 포함한 저소득층 위주
서비스 선택	수급자 및 부양가족의 선택에 의한 서비스 제공	지방자치단체장의 판단(공급자 위주)
재원	노인장기요양보험료+국가 및 지방자치단체 부담+이용자 본인부담	정부 및 지방자치단체의 부담

3. 장기요양등급

장기요양등급판정은 심신의 기능 상태에 따라 일상생활에서 도움(장기요양)이 얼마나 필요한지를 지표화한 장기요양점수를 기준으로 함 (6개 등급).

- 장기요양 1등급: 심신의 기능상태 장애로 일상생활에서 전적으로 다른 사람의 도움이 필요한 자로서 장기요양인정 점수가 95점 이상인 자.
- 장기요양 2등급: 심신의 기능상태 장애로 일상생활에서 상당 부분 다른 사람의 도움이 필요한 자로서 장기요양인정 점수가 75점 이상 95점 미만인 자.
- 장기요양 3등급: 심신의 기능상태 장애로 일상생활에서 부분적으로 다른 사람의 도움이 필요한 자로서 장기요양인정 점수가 60점 이상 75점 미만인 자.
- 장기요양 4등급: 심신의 기능상태 장애로 일상생활에서 일정 부분 다른 사람의 도움이 필요한 자로서 장기요양인정 점수가 51점 이상 60점 미만인 자.
- 장기요양 5등급: 치매환자로서(노인장기요양보험법 시행령 제2조에 따른 노인성 질병으로 한정) 장기요양인정 점수가 45점 이상 51점 미만인 자.
- 인지지원등급: 치매환자로서(노인장기요양보험법 시행령 제2조에 따른 노인성질병으로 한정) 장기요양인정 점수가 45점 미만인 자.

4. 장기요양급여의 종류

장기요양급여는 재가급여, 요양원급여, 특별현금급여로 구분되며 한가지씩만 이용 가능.

단, 가족요양비(특별 현금급여) 지급 대상자는 복지용구(기타 재가급여)를 추가로 이용 가능.

장기요양 1등급 또는 2등급 수급자는 재가급여 또는 요양원급여를 이용할 수 있으며, 3~5등급, 인지지원등급 수급자는 재가급여를 이용할 수 있음.

단, 3~5등급 수급자는 등급판정위원회로부터 요양원급여가 필요한 것으로 인정받은 경우 요양원급여 이용 가능.

요양원 급여	장기요양기관이 운영하는 노인요양원, 노인요양공동생활가정 등의 노인의료복지요양원(요양병원 제외)에 장기간 입소하여 신체활동 지원 및 심신기능의 유지·향상을 위한 교육·훈련 등을 제공
재가급여	대상자의 가정이나 재가노인복지요양원에서 신체활동이나 인지활동, 가사활동 지원 등의 서비스를 제공하며, 방문요양, 방문목욕, 방문간호, 주·야간 보호, 단기보호 및 복지용구 해당
가족 요양비	도서(섬)나 벽지, 천재지변 또는 그 밖의 사유로 장기요양기관이 제공하는 장기요양급여를 이용하기 어려울 경우 가족요양비(매월 수급자에게 15만원 지급)를 지급하여 가족으로부터 장기요양급여를 받을 수 있도록 하는 특별현금급여

요양병원 이용

1. 요양병원 치료[9]

1) 비약물 치료

환경치료, 지지 정신치료, 행동치료, 특히 회상치료를 통한 인지치료 및 다양한 재활훈련 치료 등.

- 치매환자는 복잡한 환경에 적응하기 어려워 더욱 많은 문제행동을 일으키므로, 되도록 안전하고 단순한 환경에서 생활할 수 있도록 환경 조성 필요.
- 일상생활 기능을 고려하여 일과표를 만들고, 일과표에 따라 단순하고 반복적으로 생활하도록 함.
- 청각과 시각에 대한 정기적 검사 실시, 감각기능 문제로 인한 문

---

[9] 건강보험심사평가원, 요양병원 바로알기, 노인질병정보, 치매, Available from: https://www.hira.or.kr/rd/hosp/sanatorium/disease01.do?pgmid=HIRAA03000200000

제행동과 정신증적 증상 예방.

- 문제행동이 나타나면 우선 원인에 대해 생각해보고 언제, 어디서, 어떻게 행동하는지에 대해 자세히 관찰한 후 적절한 대처방법을 적용.

약물 치료

- 아세틸콜린분해효소 억제제: 알츠하이머병 진행-인지기능과 가장 관계가 깊은 아세틸콜린의 양을 증가시키는 약제 사용 [아세틸콜린분해효소 억제제는 초기 및 중기 알츠하이머병 환자의 25-40% 범위에서 인지기능의 호전을 보임. 고도치매의 경우 효과가 떨어짐 (공통적 부작용: 오심, 설사, 식욕감퇴, 근육경련 및 수면장애 등)].

염산메만틴 Memantine, Ebixa: 알츠하이머병의 후기 단계에 쓸 수 있는 약. 단독으로 쓰거나 아세틸콜린분해효소 억제제와 함께 사용.(초기 알츠하이머병의 치료제로도 사용할 수 있는가에 대한 임상자료 불충분).

2. 요양병원 치료 (예)

1) 대정요양병원-3무 4유 치매케어 시스템[10]

3無: 24시간 간병으로 신체 구속 최소화, TV 없는 병실(간병사와의 산책, 운동, 놀이 등 프로그램 운영), 치매에 대한 선입견 없는 돌봄.

4有: 인지활동프로그램(기억력, 집중력 향상 및 뇌순환활동 증진을 위한 놀이치료, 음악치료, 미술치료 등), 산책/말벗/운동서비스, Earthing 활동(맨발로 천천히 흙을 밟으며 산책하는 것, 풍부한 햇볕 쬐기로 뇌 각성 호르몬 활성화), 1:1구강케어 서비스를 통한 치매 예방.

2) 포천힐링요양병원[11]

단계별 운동치료: 중추신경계질환(뇌졸중, 외상성 뇌손상) 및 근골격계질환, 수술 후 환자의 근력 약화, 마비 또는 관절의 변형과 근육의 통증 등 보행이나 일상생활에 지장 있는 환자의 상태에 맞추어 보바스요법[2], 보행훈련치료, 매트 및 이동훈련치료 등 단계적 실시.

---

10 대정요양병원, Available from: http://www.daejunghospital.com/treatment/dementia
11 포천힐링요양병원, Available from: http://www.pchr.co.kr/

² 보바스요법: 중추신경계 손상에 의한 긴장도와 동작 그리고 기능장애가 있는 개개인을 평가하고 치료하는 문제해결 접근법. 촉진을 통한 자세 조절과 선택적 동작의 향상을 통한 기능 최적화 목표.

작업치료: 팔과 손의 기능 향상 기능훈련을 비롯하여, 손상 신경 인지기능 활성화 훈련, 인지 지각 영역의 신경발달학적 치료 등 특수작업치료 및 단순작업치료, 연하재활치료, 그룹치료 등.

통증치료: 온찜질·냉찜질·적외선치료·초음파치료 등의 온열 및 한랭치료를 비롯하여, 견인치료, 전기자극치료 및 경피신경자극치료·레이저 치료 등의 전기치료.

3) 은혜병원[12]

약물치료: 우울증, 불안/초조, 난폭행동 등의 증상에 따른 항우울제, 항불안제, 항정신병 약물치료. 뇌경색 및 혈관순환 보조 관련 혈전용해제. 뇌순환제/말초신경순환제. 치매치료제. 노인성 만성 당뇨치료. 신경안정제. 소화보조제 등.

물리치료: 온열치료hot pack(I/Rconversion heat, Whir Pool Bath, Ultra sound(초음파)), 전기치료TENS(ICT(간섭파치료기), EST(전기자극치료기), FES(기능적 전기자극치료기)), 견인치료Cervical traction(Lumbar

[12] 은혜병원, Available from: http://www.ehhosp.com/main/main.html

> traction, Contra indication), 압박치료Medomer, 마사지기Vibrator, SSPsilver spike point 은침.
> - 운동치료: Tilting table, Parallel bar, Shoulder-wheel, Motomed, Stair [13].

그렇게 엄마를 만나기 위해 청량리역에서 출발하는 새마을호 기차를 타고 출발을 했다.

창밖으로 보이는 도로 근처에 아무도 가꾸지 않은 듯 무심히 피어난 고운 꽃과 플라타너스에서 막 올라오기 시작한 연초록 잎들이 신선하고 아름다웠다. 가평역을 지나면서 차창 밖으로 보이는 오래된 집 담장에는 고운 넝쿨장미가, 멀리 보이는 산에는 아까시아꽃이 피어나고 있었다.

밖을 바라보다 보니 강렬하고 신선한 아까시꽃 향이 차창 안으로 흘러들어오는 듯했다. 아까시나무에 흐드러지게 피어난 작은 청포도송이 같은 미색 꽃에서 품어내는 짙은 향이 코끝으로 스미는 듯한 착각을 불러일으켰다. 이렇게 밤이 내리면 개구리 울음소리도 들려올 듯 했다.

아버지 고향 집 울타리 장미넝쿨이 보고 싶다는 생각이 들었다. 고

---

13 그림 출처, Pinterest, Available from: https://www.pinterest.co.kr/

속도로가 생기면서 없어진 고향 동네 주변 논에서 울어대던 개구리 울음소리를 들으며 아버지와 나누었던 얘기들이 떠올랐다.

그렇게 자연스럽게 아버지 생각으로 옮겨갔다. 가슴 저리고 사무치게 그리웠다. 예쁜 그림이 있는 달력으로 새 책을 싸 주고 연필을 반듯하게 깎아 주었던 영원히 내편이었던 아버지.

"우리 집 청소대장, 예쁘고 착한 딸"이라고 머리를 쓰다듬어 주시면 정수리가 따뜻해짐을 느꼈다. 아버지는 생각도 고민도 많은 맏이에게 답하기 위해 자주 편지를 써 주었다. 그 멋있는 아버지 글씨체도 그립다. 오늘은 고향집 책상 서랍에서 아버지가 남긴 글을 찾아보아야겠다.

아버지는 6·25 종전 시점에 육군 공병학교에서 가르치다 제대하였다. 제대 후에는 공직을 선택했으나 복잡한 국내 상황에서 공직의 의미를 찾지 못했다. 당시 문맹률이 높고 가난했던 고향에서 농사를 지으며 지역사회 재건을 위한 야학, 마을협동조합 설립, 산림개간 사업 등 다양한 노력을 하였다. 그 과정에서 청년 대상 농한기 일자리 창출을 위해 농촌 기업을 몇 차례 설립했는데, 이상과 현실의 차이를 극복하지 못하고 실패를 거듭했다. 엄마는 조상이 물려준 상당히 많은 재산이 없어졌다고 자주 원망을 했다. 10살 정도쯤 되었을 때 아버지에게 "왜 굳이 농촌을 선택하셨냐?"는 질문을 한 적이 있는데, 아버지는 "농자천하지대본農者天下之大本"이라고 했다. 또한, 6·25 전쟁 이후 미망인의 고단한 삶을 보면서 여성 교육의 필요성을 절감했다고 했다. 당시 여성에게 교육 기회조차 없음을 안타까워했고, 여성도 전문가가 되어야 할 필요성을 강조했다. 무엇보다 오 남매 모두 전문가로 성장하길 바랐다.

아버지의 농촌운동으로 우리는 조금 가난했으나 가족 간 많은 대화를 했던 시기였다. 특히 맏이인 내게 아버지는 훌륭한 스승이었고 우상이었다. 그러나 오남매가 성장하고 학비가 많이 필요한 시점에 아버지는 맏이인 내가 중학교에 입학할 무렵 깊은 고민을 한 듯했다. 공직으로 복귀하여 정년퇴직 후 돌아가시기 1년 전인 일흔이 넘을 때까지 오남매 모두 전문직으로 성장할 수 있도록 성실히 뒷바라지를 하였다. 아버지의 깊은 사랑을 받고 성장한 오 남매는 모두 전문가로서 사회적 역할을 담당하고자 노력하며 살고 있다. 오 남매 모두 가장 존경하는 인물이 아버지이다. 심지어 맏사위인 내 남편도 가장 존경하는 인물이 아버지이다. 그런 아버지를 닮아 욕심 없고 고지식하고 이재에 밝지 못한 나는 지금까지 아버지와 가장 유사한 삶을 살고 있다.

아버지 떠난 이후부터 아버지 얘기를 써서 묘소에 바치겠다고 약속했는데, 늘 급한 일에 미뤄지고 있다. 어느새 아버지가 떠나고 15년이 지나고 있다.

아버지 생전 엄마가 이런 치매 증상이 나타났다면 "너희는 모두 아무것도 신경 쓰지 마라. 아버지가 다 알아서 할 터이니" 그리 얘기했을 것이다. 자식들에게 당신의 모든 것을 주고도 더 주지 못해 안타까워했던 내 아버지.

　엄마에겐 못된 딸이라 할지도 모르겠다. 그럼에도 아버지가 차라리 엄마의 저런 증상이 나타나기 전 먼저 떠나길 잘했다는 생각도 해 보았다.

　아, 사랑하고 존경하는 아버지.
　이 길이 그저 아버지와 엄마 만나러 가는 가벼운 여행이었으면 참 좋겠다.
　그렇지는 않더라도, 어느 시인의 좋은 시처럼 그저 발 닿는 곳으로 떠나는 가벼운 여행길이었음 좋겠다는 생각을 해 보았다.

> 어느 날 하루는 여행을 떠나
> 발길 닿는 대로 가야겠습니다
> 그날은 누구를 꼭 만나거나 무슨 일을 해야 한다는
> 마음의 짐을 지지 않아서 좋을 것입니다
> 하늘도 땅도 달라 보이고
> 날아갈 듯한 마음에 가슴 벅찬 노래를 부르며
> 살아 있는 표정을 만나고 싶습니다
> 시골 아낙네의 모습에서
> 농부의 모습에서
> 어부의 모습에서

개구쟁이의 모습에서

모든 것을 새롭게 알고 싶습니다

정류장에서 만난 사람에게 가벼운 목례를 하고

산길에서 웃음으로 길을 묻고

옆자리의 시선도 만나

오며 가며 잃었던 나를 만나야겠습니다

아침이면 숲길에서 나무들의 이야기를 묻고

구름 떠가는 이유를 알고

파도의 울부짖는 소리를 들으며

나를 가만히 들여다보겠습니다

저녁이 오면 인생의 모든 이야기를

하룻밤에 만들고 싶습니다

돌아올 때는 비밀스런 이야기로

행복한 웃음을 띠우겠습니다

― 용혜원 「어느 날 하루는 여행을」 전문

그런저런 생각들은 자연스럽게 다시 이른 새벽 엄마와 통화로 이어졌다.

엄마는 외아들이 집과 선산을 담보로 대출을 받은 후 은행 이자와 보험료 납입을 위해 아버지가 남긴 연금을 모두 사용하고 있었던 터라 노심초사, 좌불안석이었다. 엄마는 그 당시 상황을 견디기 힘들었을 것이다.

이제 남동생 스스로 부채를 대부분 해결했다. 그럼에도 엄마는 박사까지 만들어준 맏이가 제 남동생 빚조차 해결하지 않는다고 험담을 하고 있다고 했다. 엄마 기억이 흐트러지기 Broken Memory 시작했다. 아마도 엄마는 맏이의 척추가 많이 망가졌다는 사실조차도 잊었을 것이다.

2008년 아버지 장례식 당시, "엄마, 앞으로 어떻게 지내고 싶으시냐?"고 질문을 했더니, "이제부터 연금으로 살 터이니 너는 걱정 말라"고 했다. 그 말이 3개월도 못 가서 목욕 후 물 내리는 순간 욕조에 떠다니던 비누 거품처럼 사라졌다. 3개월여 시간이 지나자 엄마는 생활비가 부족하다고 불평을 시작했고, 우리는 가족회의를 해야 했다. 엄마는 자식들에게 당당하게 생활비 지원을 이끌어 냈다. 한참 지나고 보니 매달 연금 대부분은 아들을 위한 보험료와 보약 비용으로 지출하고 있었다. 아들을 위해 산삼 같은 고가 약제도 구매했으니 연금으로 그 비용을 어찌 다 감당했으랴.

엄마를 생각할 때면 떠오르는 특별한 경험이 있다. 아버지가 떠나고 한 달쯤 지난 이후 엄마는 아버지 보험금 처리를 위해 우리 집에 왔었다. 맏이인지라 엄마가 혼자서 잘 지낼 수 있을까를 생각하다가 '비가 오는 날 사람 모습'을 그려보자고 했다. 엄마가 완성한 그림을 본 순간 마구 웃었다.

맙소사!! 엄마는 우비로 머리, 목과 몸 전체를 폭 감쌌고 하늘하늘

한 우비 모자와 주머니까지 그려 넣었다. 엄마는 예쁘고 단단한 우비 안에서 비 한 방울조차 들어오는 것을 허락하지 않겠다는 듯했다. 이렇게 단단한 「비 오는 날의 사람」 그림은 미술요법 간호중재 연구를 시작한 이후 처음 보았다.

일단 엄마는 스스로 자신을 잘 관리할 것이니 다행이라는 생각을 하면서도 혼자서 웃었던 기억이 난다. 오랜 시간이 지난 지금까지도 그 그림을 잊을 수가 없다.

집에서 치매 엄마와 동행하다

어느 자식이 부모의 치매를 자연스럽게 맞을 수 있을까? 치매 증상이 나타나면 내 엄마가 그럴 리가 없어, 내 아버지가 그럴 리가 없어……. 대부분 그럴 것이다.

이런저런 복잡한 마음과 생각으로 바쁜 사이 2시간이 훌쩍 지나 단양역에 도착했다. 머리가 번잡했는지 2시간이 찰나 같았다. 청량리역에서 출발하면서 남동생과 통화했었다. 사업 실패 경험을 잘 극복했고, 이제는 제자리를 잡고 건축 현장소장으로 근무하고 있다. 엄마 상태에 대해 얘기했고, 어느 자식의 집이나 재활병원 또는 요양병원으로 가야 할 것이라고 설명했다.

어쩌면 아버지 고향에서 마지막 날이 될 단양역에 저녁을 시작하는 어둠이 내리고 있었다. 역사 앞마당으로 내려오는 계단에서 균형을 잃을 염려가 있어 스틱을 챙겨 들었다.

단양역사에 미리 도착한 남동생을 만나 엄마 상태에 대해 자세히 이야기했다. 남동생도 엄마의 전화에 꾸준히 응대를 했던 터라 증상은 인지하고 있었다. 다만 나서서 모실 처지가 아니라 침묵할 수밖에 없었노라고 했다. 충분히 이해한다고 했다.

성숙한 어른이라면 마땅히 시댁과 20~30년간 다른 문화에서 성장하고 교육받은 처를 배려해야 한다. 이런 가정은 대부분 심각한 갈등이 없다. 남동생 가정은 비교적 평화를 유지하고 있으니 다행이다.

단양역에서 만난 남동생은 본인이 유일한 아들인데 직장 근처 병원으로 옮기든지, 집에 모셔야 하는데 걱정이라고 하기에 아들이라고 모두 책임질 일도 아니고, 무엇보다 며느리가 감당할 수 있는 상황이 아니라고 했다.
그리고 현재 나타난 엄마의 망상은 맏이에게 향하고 있다고 설명했다. 며느리에게 향하지 않길 바란다는 마음도 전했다.

남동생은 누나 건강 상태도 걱정이라고 했다. 엄마가 여전히 요양병원 입원을 완강히 거부한다고도 했다.
나는 가능한 선에서 서로 도와야 한다고 했다. 자식 중 누가 다만 며칠이라도 같이 지내면서 관찰하고, 대화하고 설득할 시간이 필요하니 우리 집으로 가자고 했다.

남동생과 대화를 끝내고 엄마 집으로 들어갔다.

청량리역 출발 전 통화했던 요양보호사가 엄마가 집을 떠날 수 있게 출발 준비를 다 해 두어서 감사했다

엄마는 소파에 얌전히 앉아 있었다. 마구 흐트러진 머리 스타일에 등이 굽은 상태로 복대를 한 모습이 낯설었다.

엄마는 평생 곱게 화장을 하고 지냈는데 화장 흔적이 없다. 치매증상이다. 지난 1월에 동네병원 입원실로 방문했을 때 화장품 좋은 것을 보내 달라고 해서 보냈었는데….

엄마집 거실로 들어서는데 오래된 집 마룻바닥에서 삐걱거리는 소리가 났다.

엄마를 가까이에서 보니 현실은 더 참혹했다. 굽은 허리는 3달 전보다 두 배는 더 굽은 듯했고, 오른손과 얼굴의 떨림이 심해서 바라보는 사람이 더 고통스러울 지경이었다.

혹시라도 밤에 혼자 어디 밖으로 나갔다가 다쳤을까. 불안한 일이 있었거나 어떤 충격을 받은 것은 아닐까.

어쩌면 밤에 혼자 어둠 속을 배회를 했을 수도 있겠다는 생각이 들자 마음이 더욱 아팠다.

엄마는 맏이인지 다른 딸인지 혼동하고 있었고, 그저 많이 아프다고 했다. 그 상황에서도 아들이 제 집에 데리고 간다고 하는데 가야 할지 말지 생각 중이라고 했다. 아들 집에 간다는 얘기를 할 때는 잠깐 눈이 반짝인 듯했다. 내 느낌일 수도 있겠으나 그런 생각이 들었다.

엄마는 늘 그러했듯이 요양병원은 가지 않겠다고 했다. 마치 무슨 결기라도 있는 듯했다.

우리나라에서 30~40년대 태어난 어른들 인식은 요양원 입소와 요양병원 입원은 죽으러 가는 것이라고 생각한다. 이는 그저 그런 인식이 아니고 절대적인 신념 같은 것이다. 실제 요양원 등 시설에서 돌봄을 받는 것이 집에서 받는 돌봄보다 안전하고 독거노인의 경우 자식들 걱정도 덜어 줄 수 있음에도 불구하고 말이다. 이런 인식 개선이 필요한데 부모 세대는 어려울 듯하다. 물론 현재보다 돌봄의 질도 높여야하겠으나 한 세대가 끝나야 인식 개선이 가능하지 않을까.

엄마를 돌보는 노인장기요양보험 방문 요양보호사도 이제 더 이상 돌볼 수 없다고 했다. 엄마 상태가 어떻게 될지 모르니 무섭다고 했다. 이제 선택지는 두 가지일 것이다. 하나는 엄마를 설득해 요양병원이든 재활병원에 입원하도록 돕는 것, 또 다른 하나는 자식 누구의 집으로 가서 잠시라도 돌봄을 제공하는 것이었다.
다섯 자식 모두 현직에 있기에 결국 선택지는 한 가지뿐이었다.

엄마는 파킨슨병 증상으로 손과 얼굴이 심하게 떨리는 상태로 돈이 하나도 없으니 달라고 했다. 지갑에 있는 현금을 모두 꺼내 주면서, "엄마, 아들 집에 가자고 주는 거예요"라고 했다. 그런데 엄마는 평소와 달리 받은 돈을 세어 보지 않았다.

엄마는 며느리 성향이 시니컬하고 다정다감하지 않아 아들 집에 가고 싶어도 자제했었다. 그런데 이제는 아들 집에 가겠다고 하다니 그동안 얼마나 가고 싶었을까?하는 생각을 하니 마음이 썩 좋지 않고안쓰러웠다.

그간 엄마는 맏이에게조차 며느리 험담을 하지 않았다. 혹여 아들이 부부싸움을 할까 걱정스러워 그리하는 듯 늘 조심했다.

그럼에도 엄마는 아들과 함께 지내는 것을 원하는 것이었다. 평생 아들, 아들, 아들을 입에 달고 살았다. 심지어 아들이 병원에 입원했을 때에는 아들 옆 침대에 같이 입원하고 싶다고 했을 정도였다.

우리 엄마 세대는 아들에 대한 인식이 지나치다. 집착이 지나쳐 질병 수준이다. 한 세대가 가야 끝날 사회문화 현상일 것이다.

어쩔 수 없이 아들 집으로 가자고 했다. 남동생 역시 다섯 살 아이 달래듯 하며 차에 짐을 싣고 있었다. 엄마는 또 다시 아파서 눕고 싶다고, 일어나기 싫다고 했다. 그렇게 달래고 실랑이를 하는 사이 밤 11시가 지나가고 있었다. 결국, 남동생이 엄마를 안아서 차에 태웠다. 다행히 SUV차 뒷자리를 뒤로 젖히니 간이침대 정도는 되었다. 엄마는 아들이 안는 자세가 불편했는지 아프다고 소리를 질렀다.

엄마는 뒷자리에 누워 아프다고 자주 신음을 했고, 가끔 짜증도 냈다. 잠시 졸다가 깨어나면 "나를 어디로 데려가느냐"고 중얼거리곤 했다. 북단양IC를 통과해 고속도로로 접어들며 잠시 생각했다. 늦은 시간이라 고속도로는 한적했다.

엄마는 이제 다시 아버지 고향으로 돌아올 수 없으리라. 아버지 고향이지만 엄마도 60년 이상 지낸 곳인데… 이런 생각으로 가슴 아파하는 나와 달리 엄마는 집으로 돌아올 수 있다는 생각을 하고 있었으리라.

치매 엄마와 집에서 지낸 첫째 날

엄마는 우리 집에 들어서면서 어디인지 잘 가늠하지 못하고 "여기가 어디냐"고 물었다. 나는 아들 집이라고 했다. 화장실을 가야겠다고 해서 남동생에게 도와주라고 했더니 어떻게 도와야 할지 모르겠다고 했다. 일단 화장실 변기까지 데려간 후 아래 옷을 내려주며 화장실 세면대 장을 잡고 변기에 앉도록 하라고 일러주었다.

북유럽, 특히 스웨덴 노인주택 생각이 났다. 우리나라에도 노인 신장에 맞추어 손잡이 조절이 가능한 변기가 있으면 좋겠다는 생각을 했다.

엄마가 소변 보는 일이 끝나는 듯해 두루마리 화장지를 몇 장 접어 아래를 닦아주려 하자, 손을 탁 친다. 아하, 아직 거기까지 허락할 수 없다는 의지 같아 보였다.

남동생이 엄마를 안다시피 해서 소파에 앉게 했다. 새벽 1시가 넘어가고 있었다.

남동생은 업무 현장에 처리할 일이 있어 가야 한다고 했다.
남편이 서울에 있어 남동생이 떠나면 엄마와 나 둘만 남겨지는데, 남동생은 꼭 가야겠다고 한다. 순간 서운했다. 엄마 상황을 아는지 모르는지, 이게 정신이 올바른가 싶었다. 물론 근무하던 중 제 처가 있는 곳에 왔으니 집에 대한 생각이 나겠지 싶어 백분 이해하지만 하루 정도 엄마 간병을 할 순 없었을까?

엄마 사랑을 넘치게 받았고, 돌려준 경험이 거의 없는 어쩔 수 없는 K-아들인가 싶었다.

더 이상 기대하지 말자. 지금 이 상황에 이것저것 따져 갈등을 만드는 게 무슨 도움이 되랴.
동생은 누나가 수면제와 진통제 없인 잠들지 못함을 어찌 알겠는가. 바쁘다는 이유 아닌 이유로 교류가 많지 않은 탓이려니 했다.
혹시 모를 치매 증상에 대비하자면 밤을 하얗게 새워야 하는데, 수면제를 먹어야만 잠을 잘 수 있으니 자다 깰 수 없을까 봐 걱정이었다.
결국 수면제를 복용치 않고 잠을 포기하기로 했다.
남동생은 엄마는 곧 잠들 것 같으니 누나도 어서 자라고 하며 떠났다.

"아들, 아들, 아들, 내 아들" 노래를 부르던 엄마인데 그 유일한 아들이 엄마를 제 집으로 모시는 것도 아닌데, 치매 증상이 있는 불쌍한 엄마와 하룻밤도 같이 지내기 어렵다는 것인가?

엄마 겉옷을 간신히 벗겼다. 한쪽 팔로 벽을 붙잡게 하고 두 손으로 부축해 손님방 침대에 눕게 했다.

너무 딱딱해서 아프다고 했다. 엄마는 골다공증이 심하고 허리뼈가 돌출되었으니 돌침대가 많이 불편했을 것이다. 간신히 침대를 잡고 아들 내외가 올 때 쓰는 침대로 갔다. 그 침대는 너무 높아서 엄마를 뉘일 방법이 없었다. 땀이 흐르기 시작했고 더 이상 부축할 힘조차 없어지고 있었다.

아!!

'이를 어쩌나' 생각을 하다가 가끔 거실에 누울 때 사용하는, 도톰하고 가벼운 1인용 매트가 생각났다. 1인용 매트를 깔고 엄마를 눕히려다 살짝 미끄러졌다. 노인이 있는 집 거실 바닥은 어떤 재료가 가장 좋을까?

대리석이나, 원목장판이 아닌 어떤 것이 있어야겠는데, 어떤 재질이 좋을지 생각이 나지 않는다. 유럽은 약간 가볍고 단단한 바닥이나, 그 문화 특성상 신발을 신고 거주하니 우리 침실·거실 바닥과는 다른 환경이다.

어찌어찌 매트에 엄마를 뉘이고 살살 끌어서 거실까지 왔다. 그러고 나니 온몸에 땀이 흘렀다.

17년 전 아들 규가 중학생일 때였다. 간호대학 첫 시간 강의를 위해 고속도로를 과속으로 달리다가 가드레일을 들이받고 두 바퀴를 굴렀다. 구르는 차 안에서 "우직 우지직" 하고 늑골과 척추 뼈가 부러지는 소리를 들었다. 척추손상임을 직감했고, 다리에 힘이 서서히 없어지고 있음을 알아차렸다.

다행인 것은 두부손상 없이 의식은 명료했다. 차가 곧 금강으로 떨어질 정도로 위험한 상황이었다. 이미 다리에 힘이 없어졌기에 브레이크를 밟을 수 없는 상태임을 직감했다.

미처 1분도 안 될 찰나였고, 나는 악을 썼다.

"하느님 당신이 계시다면 도와주세욧!! 날 이리 가게 두시렵니까? 가엾은 내 아들 어찌하라고요"

순간, 어떤 괴력이 발생했는지 모르겠다. 힘없는 발로 브레이크를 꽉 밟았고 이내 차가 섰다. 이는 내가 믿는 신이 내려 준 기적이었다. 당시 사고로 인해 척수손상 진단 후 장시간 수술을 거쳐 척추기기를 고정한 상태로 생활하는 장애인이 되었다. 그리고 몇 년 전 골다공증이 심한 수술 부위 위 척추 몇 레벨이 더 부서져 본시멘트로 고정했다. 이 상태로 일상생활이 불가능한 엄마 간병은 무리였다.

5월이지만 아직은 새벽 공기가 싸늘했다. 거실 온도를 올리고 엄마에게 포근한 이불을 덮어 주었다. 엄마는 당신 집에서나 차 안에서나 "요양병원과 요양원에는 절대 가지 않겠다."고 소리를 지르곤 했다. 이젠 기운도 없을 것이다. 바로 잠이 드는 듯했는데 코를 골고 있었다.

엄마는 수면복을 타고난 듯했다. 이 부분은 무진장 부럽다. 엄마가 낳았는데 엄마와 딸이 이리 다르다.

새벽 3시! 이른 새벽에 어디 도움을 요청할 수 없었기에 일단 하룻밤은 혼자 간병을 해야 했다. 간병이라기보다는 지켜보는 것이었지만. 엄마는 수면 중에 아이처럼 무어라 잠투정을 하는 듯했다. 꿈을 꾸는지 알아들을 수 없는 비명을 질렀다. 깜짝 놀라 잠을 깨우고 "악몽을 꾸었냐"고 물었다.

엄마는 잠시 깨더니 동문서답을 했다.
"여기가 어디니?" 하기에, "청주 우리 집이예요." 했더니
"집이 엄청 좋아, 여기가 아들 집이여?"하며 또 묻는다. "아들? 아들 어디 갔어?"

치매 초기라 완전히 기억이 없진 않을 것을 알기에 아들이 제 집에 갔다는 말을 할 수가 없었다. "저쪽 방에서 자요. 새벽에 급한 일 있어 현장에 가봐야 한다고 해요. 엄마!! 얼른 더 자요."

혹시 밤에 집에 가겠다고 고집을 피울까 걱정이 돼 혼자 수면제를 먹고 잠들 수가 없었다. 소파에 쭈그려 누웠다. 머리에 천 가지 만 가지 생각이 스치고 지나갔다.

일단 주말에 유일한 손녀 린에게 할머니 간병을 부탁하고 일요일엔 막내가 오겠지. 월요일엔 아주머니가 오니까 도움을 받기로 한다.

아휴! 이를 어쩌나.

엄마는 아들이 가고 두어 시간쯤 지난 후 화장실에 가겠다고 했다. 소파를 붙잡고 간신히 일어나는 것을 돕고 부축하려니 여간 힘이 드는 게 아니었다.

등을 굽히기 힘든 맏이 부축으로 어찌어찌 일어서긴 했으나, 척추가 완전이 굽어버린 엄마는 온몸을 심하게 떨기 시작했다. 파킨슨병 증상이 더 심해지고 있었다. 이대로 화장실까지 움직이는 게 불가능할 듯했다. 집 어디에 숨겨둔 요강이나 병원에서 사용하는 변기라도 있었으면 요긴하겠다는 생각을 했다.

그러다 생각났다 "아하, 맞다 맞아. 엄마 집에서 가져온 보조용 지팡이가 있었지." 엄마 집을 떠나기 전 마지막으로 둘러보다가 찾은 네 발 지팡이가 떠올랐다.

현관에서 네 발 달린 보조지팡이를 가져와서 엄마와 둘이 한쪽씩 붙잡고 한발 한발 조심스럽게 걸어보니 한결 도움이 되었다.

스웨덴에서 개발한 튼튼한 바퀴 달린 실내용 보행보조기가 참 절실하다. 다음 방문 때에는 꼭 그 보행보조기를 구입해 가져와야겠다. 우리나라 국민건강보험공단 장애인 보장구 제도에서 대체 도입할 항목이다.

우리는 스웨덴 복지 모델이 여타 국가의 모델과 차별점을 자세히 살펴볼 필요성이 있겠다. 그들은 전통적으로 가족이 담당했던 각종 돌봄 서비스를 사회화하기 위해 체계적인 계획을 수립하고 차근차근 실행했다는 점이다. 그 예로 보육에 대해서도 단순히 가족의 노고를 조금 줄여 주는 정도를 확실히 넘어서는 정책을 도입한 것이다. 즉, 국가 사회에서 아이들이 바르고 건강하게 자랄 수 있는 완벽한 환경을 조성하고 책임지는 제도를 구축했다는 것이다. 노인 돌봄 역시 그러하다. 개인과 가족이 책임졌던 부문을 사회가 담당하는 적극적인 노력을 했다는 사실이다.

국가사회 구성원이 공정하고 평등한 기회와 혜택을 받을 수 있는 방향으로 정책을 개발하고 제도화하는 것이 보건복지정책의 핵심이다.

혼자 걷기 힘든 엄마를 거실 바닥에서 화장실까지 끌어당기듯이 부축을 하며 우리 보건복지정책, 특히 노인과 장애인 정책에 대해 생각했다. 아무래도 2022년 대선 전에 스웨덴 방문을 하고 노인과 장애인 정책연구를 해야겠다. 우리도 북유럽 스웨덴 모델 도입을 심각하게 고민해야 할 시점이라고 생각도 해 보았다.

이제, 우리나라도 국가에서 국민의 보건의료, 주거, 보육·양육, 교육, 노후를 완벽하게 책임질 수 있는 체계적 시스템 완성에 대한 논의를 시작해야 한다. 이를 통해 촘촘한 대안 마련이 필요한 시점이라는 행복한 생각을 해 보았다.

그러나 가장 완벽하고 모범적인 제도라고 하더라도 우리와 문화가 전혀 다른 스웨덴 모델을 큰 고민 없이 도입하자는 것은 아니다. 우리는 우리 사회문화 특성을 고려한 대한민국 복지 모델이 필요하다.

K-보건복지모델.

스웨덴은 자국의 특성에 맞는 출발점을 가지고 있다. 스웨덴 복지 모델의 주요 특징은, 오랜 시간을 거치며 완성된 제도라는 것이다. 스웨덴에서는 20세기 초반부터 정치지도자와 기업가들이 지속적인 논의·협의 과정에서 이룩한 대단하고 특별한 경험의 산물이다. 무엇보다도 기업과 고소득자를 포함한 전 국민이 납세에 대한 부정적 인식이 크지 않다는 사실이다. 그들은 소득과 수입에 대비해 납세를 당연하다고 여긴다.

스웨덴 복지국가 완성의 기저에는 노사 간 끊임없는 토론과 타협, 교육과 훈련에 대한 지속적인 투자, 국민의 인권·평등권에 대한 보편적 인식과 의식의 소산이 아닐까 한다.

무엇보다도 복지국가를 완성한 국가·정부에 대한 국민의 깊은 신뢰가 있다는 것이다. 즉, 국민은 국가에서 보편적 의료, 주거, 보육·양육, 교육, 노후를 책임진다는 절대적 믿음이 있기에 세금에 대한 저항이 없는 것이다.

학교에서는 학생들이, 기업에서는 직장인들이 무한경쟁에 더해 저돌적 경쟁이 극대화 돼 폭력적인 행태가 없을 것이다.

이에, 스웨덴에서는 공적인 돌봄 역시 당연시되는 사회가 아닐까 생각해 본다.

이런 스웨덴에 비해 우리는 납세에 대한 국민의 부정적 인식과 심화되는 노사갈등, 폭력적인 사교육비, 어려서부터 학습한 경쟁 위주 사회문화 폐해가 심각하다. 이 같은 조건에서 스웨덴과 같은 복지국가를 기대하는 것은 무리가 있을지도 모른다.

당연히 쉬운 일이 아니고 정권에 따라 차이가 있고 불가능할 수도 있을 것이다. 그럼에도 우리는 스웨덴 복지국가 모델에 가까이 갈 수 있는 대한민국 보건복지국가 모델 구축을 위한 노력을 시작해야 한다고 본다. 외국 연구자 대상으로 K-방역에 더해 K-보건복지국가 모델을 소개할 날이 오길 간절히 바란다.

우리나라에서 많은 제약이 있더라도, 스웨덴 복지국가 모델은 대한민국 복지모델 구축을 위한 방향성과 아이디어를 제시하고 있다. 스웨덴에서 구축한 성장 친화적 복지모델은 국가 경제발전에 긍정적인 영향을 미칠 수 있었다는 점이다. 또한 교육, 고용, 직업훈련을 포괄한 스웨덴 교육제도는 지식기반 경제 발전을 이끌어낼 우수한 인재를 양성할 수 있는 지속가능한 모델로 여타 국가의 많은 관심을 받았다. 무엇보다도 완벽한 교육제도와 복지제도를 기반으로 조세제도 개혁까지 이루어냈다는 점이다. 즉 법인세, 상속세 등 기업에 부담을 주는 세금을 줄이면서 사회적 합의를 이끌어 내 간접세와 사회보장세를 높였던 우수한 리더십의 결과물이기에 그렇다.

이러한 정치 사회적 논의·합의 구조는 경제성장에 중요한 동력으로 작용했다. 1938년 노·사·정이 모여 역사적 대타협을 이룬 '잘츠바덴 협약'은 스웨덴 복지국가 모델의 핵심 정신이다[14].

최근 스웨덴에서도 교육제도는 핀란드의 제도를 도입하려는 노력을 기울이고 있다고 한다. 이 책은 노인보건복지 부문 이야기 전개이니 교육제도에 대해서는 다음 기회, 아니 다른 전문가의 글을 기대해야겠다.

국내외 다양한 연구논문과 보고서에서 스웨덴의 복지국가 시스템을 '스웨덴 모델'이라고 칭한다. 이는 노사협조, 복지국가, 강력한 공공부문 등 제반 분야에서 스웨덴 수준까지 도달한 국가가 없기에 그렇다.

21세기 들어 우리나라에서도 우수한 보건복지 정책을 도입하고자 다양한 시범사업을 시행하였고, 일부는 본사업으로 진행하고 있다. 정부는 복지국가를 지향하며 사회적 논의와 함께 공공부문에도 우수한 정책을 구축하고자 노력하고 있다. 그럼에도 국민 모두에게 보편적으로 질 높은 수준의 보건복지 서비스를 제공하는 상황까지 도달하기엔 절대 시간이 필요할 것이다.

분명 과잉기억장애이다. 엄마 화장실 수발을 하는 그 짧은 시간에

---

14 https://trls.tistory.com/92

그런저런 생각을 다양하게 해 보았다.

그렇게 장애인 엄마와 딸이 어찌어찌 네 발 달린 지팡이를 함께 잡고 화장실 앞까지는 갔는데 화장실 턱에 지팡이를 끌고 들어갈 수가 없었다. 내가 부축하고 엄마는 화장실 문고리를 붙잡고 문턱을 넘으려다가 둘이 함께 문에 "쫘당" 부딪쳤다. 화장실 문이 튼튼했는지 조금도 부서지지는 않았다. 다행이다. 화장실 문 앞 넓은 카펫이 도움이 되었다. 무엇보다도 엄마가 더 다친 데가 없어서 안심이 되었다. 아마 엄마도 내게도 긴장한 척추 부위 근육 이완을 위해 사용하는 파스가 필요하겠지.

척수손상 장애인 딸과 파킨슨병 치매질환자 엄마가 서로 부축하고 화장실로 가는데, 그 당연한 일상이 난리도 이런 난리가 없겠다는 생각이 들었다. 어느 드라마에서 에너지 넘치고 밝은 할머니가 "6·25 때 난리는 난리도 아니여"라고 하던 대사가 떠올라 씁쓸히 웃었다. 신조어인 '웃프다'는 단어가 적합할지도 모르겠다.

엄마의 화장실 수발을 위해 또 다른 시도를 했다. 네발 보조지팡이를 화장실 바닥에 둔 다음 엄마 손과 내 손을 합쳐 짚고 화장실로 들어갔다. 엄마는 조금 기운을 내서 두 손으로 세면대 서랍장 위를 누르듯이 짚고 변기로 다가갔고, 영 시원찮은 내 도움으로 간신히 변기에 앉았다. 변기 뒤쪽 서랍장 위 튼튼하고 널찍한 대리석 상판이 썩 도움이 되었다. 평소엔 존재도 모르고 무심코 지나쳤던 상판이 그 자리에 있어서 다행이었다. 무생물 또는 생물 모두 그냥 지나치는 사람이 있을 뿐 그것들은 나름 존재 그 자체로서 역할을 하고 있는 것이었다는 생각을 해 본다.

그렇게 장애인 딸과 노모 둘이서 힘겹게 화장실을 다녀왔다. 엄마는 아프다고 했다. 문에 부딪치고 넘어졌으니 부러진 늑골 부위 통증이 더 심할 것이다.

이를 어쩐다. 그저 어떻게든 엄마를 달래 요양병원 가까운 우리 집으로 데려오는 것에만 신경을 쓰느라 약 챙겨오는 것조차 잊었다. 아침에 집 가까운 의원이라도 방문해 진통제 처방을 받아야겠다. 토요일이니 오전 진료를 하는 곳이 있을 것이다. 그러나 아직은 새벽이라 당장 어쩔 수 없어 집에 있는 진통제를 복용하게 했다.

엄마는 진통제를 먹고 소파를 붙잡고 천천히 자리에 눕자마자 또다시 코를 골며 잠들었다. 이제 척추가 완전히 구부러져 똑바로 누울 수조차 없으니 옆으로 웅크린 자세였다. 한 사람의 마지막 모습을 보는 듯 가슴 아프고 측은했다. 10년 후, 20년 후, 30년 후 내 모습이자 내 주변의 모습이기도 하려니.

내가 엄마 나이가 되었을 때를 생각해 보았다. 다른 누구를 위해서가 아니라 자신을 위해 보건복지 정책 연구를 해야겠다는 생각을 한다. 춥지 않을 때 자료조사와 연구를 위해 스웨덴 스톡홀름을 방문해야겠다는 생각을 한 번 더 해보았다.

몹시 피곤한 상태에서 소파에 누워 엄마를 내려다보았다. 그리고 잠시 생각했다. 엄마가 대소변을 가리지 못하는 정도는 아니니 다섯 자식 중 하나라도 휴직하고 다만 몇 달이라도 함께할 수 있음 어떨까? 엄마가 가끔 무심코 한마디 할 때 보면 아들 집에 가길 원했다. 그러나 현직 교사인 며느리에게 어떻게 의탁을 하겠는가? 도저히 안 될 일이다. 때론 사랑하는 막내와 지내고 싶은 마음을 내비치기도 하나 하필 코로나-19 팬데믹 사태로 국립대학병원에 근무하는 막내에게 어찌 부탁을 하겠는가? 둘째, 셋째 딸은 좀 가능하려나. 그러나 모두 현직이라 바쁘다.

맏이인 내 건강만 허락한다면 다만 6개월 아니 3개월이라도 돌보고 싶은데… 엄마는 평소 지나치게 분명하고 바른말 잘하는 맏이를 어려워했다.
그럼에도 이 몸이 더 망가지기 전에, 아니 척추라도 자유로이 움직일 수만 있다면 엄마를 돌볼 수 있으련만.
나는 휴직이나 퇴직도 할 수 있지만 허리를 자유롭게 굽힐 수조차 없는 장애인인데다 이미 척추에 골다공증과 강직증이 진행되고 있으니 무슨 도움이 되랴.

아무리 같은 엄마에게서 나온 형제자매라 할지라도 누가 누구에게 엄마를 부탁할 수 있겠는가? 이런 일은 오롯이 자신의 선택인 것을.
잠시 비상식적이며 비현실적인 대안도 상상해 본다. 다섯 자식이 1

주에 1회 정도 보살필 수는 없을까? 그리고 손주들이 밤에 하루씩 돌아가면서 할머니를 돌봐주면 어떨까? 이럴 땐 엄마 손주들, 즉 내 겐 조카들이라도 좀 더 많이 있으면 좋겠다는 생각을 해 본다.

가정에서 돌보는 중증 노인질환자를 위해서 노인장기요양보험에서 규정한 방문요양 시간을 실효성 있게 조정할 필요가 있다. 현재, 노인장기요양보험에서 정한 요양보호사 방문 시간은 거동이 불편한 노인을 돌보기엔 턱없이 부족하다. 노인이 지역사회에서 최대한 오래 거주할 수 있는 지역사회 시스템 구축이 필요한 시점이다.

결국 나는 진통제와 수면유도제 복용을 할 수 없었다. 북유럽과 같이 백야도 없는 이 나라에서 하얗게 밤을 보내고 또 새로운 하루를 시작하는 아침을 맞고 있었다. 밤에도 거실 커튼을 내리지 않고 있었다. 거실 유리창 밖 저 멀리로 희미하게 구룡산 봉우리가 보이기 시작했다.

이렇게 하얗게 밤을 새울 때면 생각나는 시가 있다. 시인 같은 예민함보다는 소박하고 너그럽고 털털한 아저씨 같아 좋아하는 김용택 시인의 시 「밤 산」이 생각난다. 밤 산이란 그 시를 흥얼거릴 때면 꼭 내 마음이라는 생각이 들곤 했다. 그 날……. 파킨슨병에 더해 치매 증상이 나타나기 시작한 엄마와 함께 지낸 새벽에도 그랬다. 창밖으로 멀리 보이는 구룡산도 나처럼 속으로 울고 있었을까.

산들이 저렇게 잠 안 자고
어디를 보며 앉아 있었구나.
산들이 저렇게 어둠 속에
잠 안 자고 앉아 어디를 보며
나처럼 속으로 울고 있었구나.

- 김용택 「밤 산」 전문

  엄마와 함께 지낸 첫날밤이 지나가고 있었다. 어슴푸레했던 새벽이 서서히 걷히고 아침이 오는 소리를 들었다. 엄마가 누운 매트리스를 내려다볼 수 있는 소파에 반듯하게 누워 눈을 감고 있었다. 가끔 새벽까지 일하다 보면 출근시간을 놓칠까 걱정되어 수면제 복용을 못하고 소파에서 잠시 잠들었다 깨었다를 반복했다. 그저 비몽사몽 상태로 소파에 누워 있곤 했다.

  그러나 엄마를 바라보며 누웠는데 평소와 같은 비몽사몽 상태가 아니라 더 말똥말똥한 명확한 의식 상태였다.

  엄마는 나이 들어 심신이 고달프고 아픈데 이젠 파킨슨병에 더해 치매질환까지 찾아왔으니 어떤 마음일까? 여든 넘은 고령층의 경우 가까운 이웃과 친구들도 떠나고 고독감이 더 심할 것이다. 긴 세월 살아오는 동안 지지체계는 얼마나 있었을까? 엄마의 동서들이자 내 숙모, 이모들과 그간 어찌 지내고 있었을까? 또 엄마는 어떤 이웃과 친구와 교류하며 살아왔을까? 참 무심한 딸이었다. 내일 엄마와 대화가 가능하다면 숙모 그리고 이모들과 지냈던 이야기를 해보아야겠다.

사람은 대부분 타인과 연결을 통해 희로애락을 함께한다. 이는 주로 사람과 정서적 및 감성적 교류를 통해 가능하다. 사람은 본능 영역인 오감뿐 아니라, 이성 영역인 생각, 표정, 행동, 말과 글을 통해 교류하고 공감할 수 있는 유일한 동물이기 때문이다. 우리에게 감정적 정서적 청각, 시각, 촉각, 후각, 미각이 있다고 하면 설명이 가능할까?

모든 사람은 태생적으로 고독한 존재이다. 태어날 때도 혼자였고 떠날 때 역시 혼자일 것이다. 그럼에도 이 험한 세상에서 살 만하다고 느끼는 이유는 따뜻한 마음을 나눌 수 있는 사람에 대한 기대감 때문이 아닐까? 이처럼 정서적 연결감을 느끼며 지낼 수 있도록 도움을 주고받을 수 있는 자산이 바로 사회지지체계이다. 이는 의지하고, 돌보아 주고, 사랑해 주고, 가치 있다고 인정해 주는 사람, 언제 어디서든 도움을 주고받을 수 있는 사람이 있다는 것을 의미한다. 다시 말해, 사회지지체계란 특정인 가까이에서 긍정적 영향을 미치고, 사회 심리 상호작용을 하는 존재를 의미한다고 하겠다. 이러한 사회지지체계는 개인이 정서, 심리, 사회적 상호작용을 통해서 선하며 성숙한 태도는 증진시키고, 불편하고 부정적인 태도는 감소시키는 역할을 하는 것이 아닐까.

누구에게나 자연발생 지지체계와 어떤 이유나 목적지향 지지체계가 있다고 한다. 자연발생 지지체계로는 가족, 친구와 이웃이 있고, 보건의료인, 사회복지사, 상담사 등 개입을 통해 조성되는 자조집단, 자원봉사단체, 상담센터, 사회복지기관, 기타 커뮤니티 등 목적지향 지지체계가 있다. 물론 직장 내 모임, 각종 동호회 등도 목적지향 지지체계라고 할 수 있다.

노인의 경우 목적지향 지지체계보다는 자연발생 지지체계가 중요하지 않을까 생각한다. 사람에게 주요한 자연발생 지지체계는 개인에 따라 다를 수 있겠으나, 통상 가족, 친구, 이웃이라고 보겠다. 이는 개인에게 근간이며, 기본·근본이 되는 사회지지체계일 것이다. 그중 가족, 이웃보다 더 중요한 존재가 친구가 아닐까? 우리는 자신이 겪고 있는 고통, 스트레스와 우울 증상에 대해 언제, 어디서나 짧게 또는 장시간 이야기 나눌 수 있는 친구가 필요하다. 험한 세상 살아가면서 힘들고 지칠 때 언제 전화해도 들어주며 위로를 줄 수 있는 이가 필요하다. 이 상황에서 자신을 위한 정서적 지지와 돌봄을 줄 수 있는 가장 중요한 존재를 꼽으라면 바로 친구이다.
같이 울고 웃을 수 있는 이가 바로 친구이기에 그렇지 않을까?

이제, 우리 서로 나서서 누군가의 진정한 친구가 되어 주면 어떨까? 한 사람이 다른 사람의 진정한 친구, 그 한 사람은 또 다른 한 사람의 진정한 친구가 돼 줄 수는 없을까?

우리 국가 사회가 주도해 진정한 '친구 되기 캠페인'이 필요한 시점이 아닐까? 특히 노년에 함께하는 선한 이웃, 좋은 친구가 있다면 조금 더 건강한 상태로 지역사회 자신이 거주하던 집에서 더 오래 머물 수 있지 않을까.

이 같은 글을 쓰고 발표하고, 강의를 하면서도 엄마에 대해선 무심했다. 이런저런 생각을 하다 한 지점에 머물게 되었다. 여타 선진국과 마찬가지로 보건의료 시스템 발달은 평균수명 증가로 연결되었다. 2018년 기준 평균수명이 82.7세이다. 그러나 65세 이상 85세 노인의 1/3이상은 치매질환자라는 현실이다.

언젠가 노인복지관에서 회상치료 프로그램을 진행할 때였다. 그 당시 들었던 대부분 노인들 소원을 생생하게 기억한다. 첫째, 자식들 아프지 않고 건강하게 사는 것. 둘째, 자식들에게 걱정 끼치지 않고 잘 살다 가는 것이었다.

그런데 점차 기억을 잃어가는 치매질환자는 어떤가?
과연 스스로 아름답고 존엄하게 생을 마감할 수 있는 아주 작은 소망이라도 남아 있을까? 행복권과 더불어 존엄한 죽음 역시 당연한 권리임에도 불가능한 것이 불행한 현실이다.

한참 정적이 흐른 후 부스럭거리는 소리에 눈을 떴다. 엄마가 마치 걸음마 하기 전 아기들이 바닥을 기어 다니듯 천천히 움직이고 있었다.

깜짝 놀라 곁으로 다가갔다.

"노인들은 화장실 갈 때 이렇게 기어서 간다. 이게 편해."

나는 잠시 그 자리에서 꼼짝을 할 수 없었다.

"아니, 엄마 왜 내가 있는데. 부르시지요?"

"아까 너도 넘어졌잖아. 이렇게 가는 것이 더 나아. 너는 더 자."

맏이가 약 없이 잠을 자지 못한다는 것을 모르니 아마도 딸이 자고 있을 것이라고 생각해 깨우고 싶지 않았나 보았다. 엄마가 엄마 마음으로 돌아왔던 것이다.

엄마는 집에 혼자 있을 때 화장실을 가기 위해 이리 기어 다니고 있었던 것일까. 사람은 존엄하고, 죽을 때까지 아름답고 소중한 존재여야 하는데 내 엄마가 어쩌다 이리 되었을까?

순간 왼쪽 가슴이 저리고 아려왔다. 엄마는 딸이 흠칫 놀라는 표정을 보았는지 아주 잠깐 불편한 듯 어설프게 웃음을 보였다. 미안함인지 부끄러움인지 서러움인지 모를 웃음이었다. 그 웃음이 슬펐다.

치매 증상이 나타나기 시작하면서 가장 어려운 상황은 가족은 물론 본인조차도 치매 증상인지 아닌지 정확한 판단을 내리기 어렵다는 것이다. 일단 치매가 오면 갑자기 주변에 불편한 행동을 하는데도,

정작 본인은 그 사실을 전혀 모른다는 사실이다. 그렇게 조금씩 인지 기능이 망가지기 시작하는 것이다.

치매 엄마와 집에서 지낸 둘째 날

어떤 이는 코를 골며 잠을 잘 자고, 또 다른 어떤 이는 불면으로 고뇌의 밤을 새워도 변함없이 아침은 온다.

'닭 목을 비틀어도 아침은 온다'는 어느 시인의 시가 생각났다.

사람의 의지, 의식, 인식이 대자연의 섭리를 어찌 거역할까.

사람이 이 위대한 자연의 질서를 어지럽히고 혼란시켜 질병과 전염성 질환으로 연결됨이 주지의 사실이다. 사스, 메르스, 에볼라 바이러스, 코로나-19 바이러스의 출현이 그렇다.

최근 겪고 있는 코로나-19 바이러스 팬더믹 사태는 중세 시대 흑사병 이후 최대 재앙·재난으로 기록될 것이다.

우리 집은 지은지 10년이 넘은 고층 아파트이긴 하나 동남향이고 거실 정면을 가리는 큰 건물이 없어 밝고 좋다. 엄마가 온 다음 날은 날씨가 특히 더 맑았다. 크게 빛나는 아침 해가 조금씩 떠오르고 있었다. 그 강렬한 해를 바라보며 기도했다.

"이렇게 맑고 아름다운 아침을 맞을 수 있게 해주시니 감사합니다."

이리 맑은 날이면 남쪽으로 구룡산이 보이고, 멀리 동쪽으로 상당

산성이 희미하게나마 보인다. 아름다운 자연을 바라보며 생활할 수 있음을 감사했다.

엄마는 2시간마다 화장실에 가는 것 이외엔 조용했다. 별다른 문제행동은 없었으나, 집을 많이 낯설어 했다. 맏이 집인지, 아들 집인지, 자주 물었고, 이 집 언제 샀냐, 언제 이사했냐고 묻기도 했다.

아침 8시쯤 엄마가 화장실에 갔을 때 샤워를 할 수 있게 돕고 싶었다. 잠시 고민을 했는데 혼자서 감당하기 어려웠다.
스웨덴 노인시설 화장실이 생각났다. 샤워기 아래 벽면 전체에 붙어 있는 우리 온돌같이 따뜻한 손잡이와 신장에 맞게 조립이 가능한 샤워용 의자가 참 요긴하던데…….

샤워 중에 다시 엄마와 같이 넘어져 다칠까 걱정돼 세안만 할 수 있도록 도왔다. 왼손으로 세면대 옆을 잡고 오른손으로 칫솔질을 하도록 도왔다. 귀찮은 듯 몇 번 칫솔질을 하더니 내려놓았다.

엄마와 함께 네발 지팡이에 의지해 화장실에서 나와 소파에 앉도록 도왔다. 그리고 얼굴과 손에 스킨 로션과 크림을 차례로 발라주었다. 엄마 표정에 변화가 없었고 관심조차 없어 보였다. 엄마는 유난히 화장품에 관심이 많았다. 평소 같았으면 화장품이 좋다, 나쁘다, 부드럽다, 향이 진하다, 좋다, 비싸냐는 등 평을 했을 터인데 가타부타 말

한마디가 없었다. "우리 엄마 세수하고 로션 바르니 예뻐요."라고 했더니 물끄러미 쳐다보고 고개를 돌려버리고 만다. 힘없이 소파에 누워 눈을 감는다. 어제 남동생이 운전해 먼 길 달려오느라 흔들리는 차 안에서 통증이 심하고 피곤했으리라. SUV 차량 운전 경험이 없어서 모르겠으나, 대부분 SUV차량 뒷좌석이 그다지 편안하지는 않다고들 했으니 그랬을 듯했다.

그렇게 맏이 집에서 아침을 맞게 된 엄마는 외아들이 같이 있지 않아서인지 어제와 많이 달랐다. 요양병원은 절대 가지 않겠다고 소리 지르지도 않았고, 다른 말도 별로 없었다. 다만 잠깐씩 가슴과 허리가 아프다고 했다. 대학병원에 가고 싶다고 했다.

주말이라 대학병원에 가려면 응급실을 방문해야 하고, 무엇보다도 엄마 현 증상으로는 대학병원에 가는 것은 맞지 않는다고 설명했다. 대학병원은 복잡하고 어려운 수술과 치료를 담당하는 곳이라고 설득하고 또 설득했다. 엄마와 같은 환자가 모두 대학병원에 가면 환자가 넘치게 돼 대학병원에 꼭 가야 할 환자들이 갈 자리가 없다. 요즘은 재활병원이나 요양병원 같은 전문병원에도 필요한 검사기계가 모두 있다고 설명했다. 엄마가 가진 현재 증상은 대학병원에서도 요양병원에서도 약도 치료방법도 모두 같다고 자세히 얘기했다.

그러나 엄마는 듣지 않고 있다가 "그래도 요원병원은 가지 않겠다"고 했다.

"요양병원이 왜 그렇게 싫어요?" 묻자 "거기 한번 들어가면 모두 죽어서 나오더라. 죽으러 가는 병원이래. 요양병원에서 우리 동네 사람들 많이 죽었어."

노인들의 요양병원에 대한 인식이 그런 듯했다. 요양병원 입원이 곧 죽음으로 연결된다는 왜곡된 인식이 있는 것일까. 아니면 실제 그러한가.

시간이 허락하면 요양병원에 대해 조금 더 살펴보아야겠다.

엄마가 좋아하는 누룽지를 끓여 아침식사로 대신했다. 엄마는 파킨슨병 증상으로 떨리는 오른손으로 몇 숟가락 뜨다 자주 흘렸다. 민망한 듯 자주 딸을 바라보았다. 엄마 목에 수건을 두르게 한 다음 식사 보조를 했다.

아침식사를 끝낼 즈음 남동생이 엄마의 유일한 손녀 린을 데리고 왔다. 또 반찬가게에서 갖가지 반찬을 사 가지고 왔다. 음식 솜씨 없는 누이가 요리하는 것보다 백 번 나을 것이라 생각했으리라.

엄마는 아들을 한참 동안 바라보더니 "여기가 네 집이냐?"고 물었고, 남동생은 "큰누나 집"이라고 답했다. 이어서 엄마는 "여기가 서울이냐?"고 했고 동생은 "청주"라고 답했다. 엄마 아들 사이에 잠시 정적이 흘렀.

남동생은 회사에 처리할 일이 있다고 잠시 다녀오겠다고 일어섰다. 엄마와 조근조근 얘기라도 좀 하길 바랐는데, 잠시 서운했다.

'그래. 저런 모습이 우리나라 아들 모습이지. 우리 엄마의 심한 짝사랑일 뿐이지······.'

집에 조카 린이 제 할머니를 돌보고 있으니 외출이 가능했다. 참 다행이었다. 린에게 엄마를 부탁하고 집을 나섰다.

일전에 받은 엄마 진단서를 가지고 동네 의원을 방문했다. 엄마 상태를 설명하고 처방전을 받아 약국에서 약을 받았다.

병원과 약국을 나오며 토요일에도 진료와 조제를 하니 감사하다는 인사를 수차례 했다.

저녁은 엄마가 평소 좋아했던 보쌈정식을 주문했다. 엄마는 옆의 사람에게도, 보쌈정식에도 관심이 없는 듯했다. 저녁식사 시간에 외할머니 문안 온 우리 아이들에게도 무표정했다. 귀여운 증손자인데도 그저 한참 바라볼 뿐이었다. 엄마는 평소와 달리 사위를 보고도 반가운 표정도 짓지 않았고 한마디 말조차 없었다.

엄마는 여럿이 모인 소란스런 식사시간임에도 아무 관심이 없었다. 그저 오른손이 심하게 떨려서 수저 사용이 어려운데도 불구하고, 본인이 직접 수저를 이용해 식사하길 원했다. 목에 수건을 두르는 것도 마다했다. 아침과 달리 어려운 큰 사위와 손주들을 의식했는지 모르겠다. 그럼에도 떨리는 오른손으로 밥과 국 이외 반찬은 따로 잡지 못했다. 젓가락 사용은 불가했기에 반찬은 숟가락 위에 올려주었다.

저녁식사 후에도 1~2시간에 한 번씩 화장실 가는 엄마를 린이 잘 돕고 있었다. 저녁 시간에는 도울 사람이 여럿 있어서 한결 수월했다. 대가족 중심 사회에서는 파킨슨병도 치매질환자도 집에서 가족들에 의해 케어가 가능했음을 실감했다.

최근 어떤 TV 프로그램에서 유머 아닌 유머로 "나이 들면 손주 기저귀를 채워주거나, 내가 기저귀를 차거나 둘 중 하나"라고 해서 공감했던 경험이 있다.

엄마를 보면서 왜 그 생각이 났을까? 이제 요양원에 들어가면 서서히 기저귀를 차야 할 시간이 올 엄마 생각 때문이리라.

치매 엄마와 집에서 지낸 셋째 날

엄마와 지내게 되는 셋째 날이었다. 밤에 한번 화장실 수발도 린이 있어 수월했다. 전날 엄마는 거실에서 코를 골고 잤고, 아침까지 누워있었으나 인지상태는 조금 나아진 듯했다. 아침식사도 반 이상 했고, TV 드라마와 뉴스를 보기도 했다.

엄마는 아침에 조금 정신이 맑았고 갑자기 생각난 듯 여기저기 전화를 하고 있었다. 사랑하는 막내딸이 전화를 받지 않는다고 수차 호소를 했다. 연락이 되지 않는 딸을 찾아 달라고 하니 난감했다. 일이 있어 멀리 갔거나 응급수술 중일 것이라고 설명했다. 오늘 저녁에 연락해서 만나자고 달랬다. 엄마는 잘 듣지 않았고, 계속 막내딸 만나러 대학병원에 가야겠다고 했다. 어쩔 수 없이 전날 했던 긴 얘기를 반복했다. 엄마 현재 상태로 대학병원에 입원할 수 없다는 그 얘기를.

그런 엄마를 보면서 잠시 서울에 있는 요양병원 입원은 어떨까 생각을 했다.
"엄마, 그럼 우리 서울로 갈까요?"
서울에 요양병원과 요양원을 같이하는 가까운 친구가 있다고 설명했다. 원장은 다정다감하며 훌륭하고, 병원 시설도 좋고 서비스는 더 좋고 그곳 요양원엔 1인실도 있다고 설명했다. 그러자 엄마는 어디? 서울의료원? 했다. 둘째 생각을 한 것이다.

또 다시 어제 대학병원 입원이 불가하다고 했던 얘기를 반복했다. 서울의료원 입원이 어려운 이유를 설명해야 했다. 현재 서울의료원은 코로나-19 지정 치료병원이라 코로나 환자 이외 일반인은 입원이 어렵다고 설명했다.

그렇게 엄마는 잠시 잠깐 서울에 관심을 갖는 듯했으나 서울의료원에 대한 관심이었다. 이어서 늘 그러했듯이 요양병원, 요양원은 절대 가지 않겠다고 했다.

자식 입장에서 요양병원 입원도 요양원 입소도 강제할 수가 없었다. 엄마 상태를 고려해 아무리 어렵더라도 남아 있는 인지상태에 호소하고 설득하고 또 설득을 해 스스로 결정하도록 돕고 싶었다.

엄마는 손녀 린에게 계속해 무슨 얘기인가를 하고 있었고, 린은 열심히 대답을 하고 있었다. 린이 대학생활과 제 엄마 얘기를 하는 듯했다. 린이 할머니 얘기를 들어주고 화장실 오가는 것을 보조하고 있으니 한결 수월했다.

아마도 내년 이맘때면 우리 엄마는 우리집안 유일한 손녀 린도 잘 알아보지 못하겠지.

우리 3대가 모여 살면 이렇게 내 집에서 엄마 간병을 할 수 있을까? 우리나라에서도 대부분 대가족이 모여 살던 시절이 있었다. 따져 보면 그리 오래된 시기도 아니다. 핵가족 문화, 맞벌이 문화 이전에 집 안 노인에게 치매 증상이 나타나면 "망령"이라고 했었다. 그리고 가능한 모두 집에서 돌보았고, 동네 이웃사람들 도움을 받을 수 있는 사회 정서가 있었다. 그러나 이제는 그저 드라마에서나 볼 수 있고 책에서나 읽을 수 있는 광경이다.

엄마가 그리도 가기 싫다는 요양병원 또는 요양원에 어찌 보내야 할지 자식 입장에선 죄인 같은 심정이다. 아픈 일이다. 그럼에도 마땅한 대안이 없으니 어찌해야 할까?

오늘도 엄마는 두 시간에 한 번 화장실을 가는 것 이외 특이한 문제행동은 없었다. 벌써 문제행동이란 말을 언급하는 자식이라니. 참 스스로도 좀 야박하단 생각이 들었다. 어쩔 수 없는 직업병이려니.

엄마는 했던 말을 하고 또 다시 하기를 반복하고 있었다. 손주들과 친척들 이름도 기억하지 못했다. 심지어 자식들 이름도 헛갈렸다.

갑자기 돈이 없어졌다고 했다. 가방을 뒤지고 있기에 같이 찾아보았더니, 맙소사! 속옷에 주머니가 달려 있었고 돈이 많이 들어 있었다.

아! 문제는, 엄마 본인이 치매라는 사실을 정확히 인지하지 못하고 거부한다는 사실이다. 본인의 현재 건강문제는 파킨슨 증상, 척추 부위 통증과 늑골 골절 상태이기에 그에 대한 치료만 받으면 된다고 생각하고 있는 것이었다.

엄마와 같은 증상이 나타나기 시작하는 치매 초기엔 본인과 가족들 혼란이 크다. 환자 본인이 치매임을 인정하는 양상도 개인의 특성에 따라 다르다. 노부모는 검사를 받지 않겠다고 고집 부리고, 자식은 잘 설득하지 못해 당황하는 경우가 많다.

때론, 사랑하는 아들 앞에서는 정신을 잘 챙기고 정상으로 보이려고 노력하는 노인도 있다. 아들과 딸이 보는 증상이 천차만별이라 형제 간 의사결정이 힘든 상황이 발생하기도 한다. 가족 간 갈등이 생기는 경우도 보았다. 이럴 때 며느리는 어느 편도 들 수 없는 입장이다.

최근, 간호사 선후배 모임에서 빠지지 않고 등장하는 주제가 시부모, 친정부모 암 질환, 치매, 심뇌혈관 질환 케어에 대한 부담과 걱정이다.

치매 엄마와 집에서 지낸 넷째 날

맏이 집에서 손녀와 지내면서 엄마는 다소 안정을 찾은 듯했다. 진통제 효과인지 통증 호소도 줄었다. 같은 얘기를 묻고 또 묻는 것과 돈이 없어졌다고 가방을 뒤지는 것만 빼면 별다른 문제는 없었다. 아침식사 시간에는 반찬이 맛이 없다는 얘기를 할 정도였다.

조카 린은 20세 대학생답게 쿨했다. 엄마는 똑같은 것들을 묻고 린은 또 답했다. 엄마는 알아들었는지 못 알아들었는지 고개를 끄덕이기도 했다. 그러다 린에게 "네 엄마 어디 있니?"라고 물었고, "엄마 학교로 출근했어요"라고 린이 답했다. 그리고 또 묻고 또 답했다. 다행스럽게도 엄마는 며느리에 대해 큰 서운함은 없는 듯했다. 그저 무감각·무감정 상태였다.

요양원을 운영하는 몇몇 선배에게 전화해 엄마 상황을 설명하고 구체적인 조언을 구했다.
국민건강보험공단 장기요양 담당자와 통화해 병원 입원 후 요양원 입소 등급 신청 가능성에 대해 질의했다. 노인 환자가 병원에 입원했을 당시 등급 심사를 신청하면 담당자가 심사를 위해 입원한 병원으로 방문이 가능하다고 했다.

일단 병원에 입원해 통증치료 후 자연스럽게 요양원으로 옮길 수 있을지. 우선 병원 입원 치료 후 생각하기로 했다.

요양병원, 요양원에 절대 가지 않겠다는 엄마를 설득하기로 했다.
'넘어지고 떨어지는 등 낙상사고 예방이 가능하고 안전하다.'
'식사 보조, 화장실 보조가 가능하다.'
'조금씩 운동이 가능하고, 물리치료도 가능하다.'
'친구도 사귈 수 있고, 여러 가지 프로그램에도 참여할 수 있다.'

그렇게 조근조근 설명을 했다.
엄마는 많이 설명을 듣지 않았다. "자꾸 이러려면 집에 데려다 달라"고 했다. 손녀 린에게 "네 아빠 빨리 오라고 전화하라"고 독촉하곤 했다.

요양병원도 요양원도 싫고 "집에서 살다 죽겠다"는 저 고집스런 마음은 무엇일까?
엄마는 아들 집으로 가고 싶은 것일까? 설령 그렇다 한들 아들 부부가 맞벌이를 하는 상황에서 무엇을 어쩌겠는가? 우리 집에서 며칠 동안 엄마 부양에 세 명이 신경을 쓰고 있었다는 사실을 아는지? 모르겠지. 우리 집에 온 이후 엄마는 "미안하다", "고맙다"는 표현을 하지 않았다. 엄마는 인지상태가 조금 좋아지면 요양원에 가지 않겠다는 얘기를 반복했다. 그 표정을 보면 요양원에 보내려는 자식들을 원망하는 듯했다. 서운한 표정이 역력했다. 더 할 말이 없었고 설명도 궁색했다. 맏이가 불효녀 죄인이 된 듯했다.

그 옛날 외할머니는 객사를 거부하는 강한 신념이 있었다.
결국 외할머니는 우리 집에서 돌아가셨다. 다만 외할머니는 치매 증상이 없었으니 가능한 일이었을 것이다.
여든일곱 살, 어느 날 밤에 저녁 잘 잡숫고 조용히 떠나셨다. 외할머니 장례도 우리 집에서 치렀다.
그러나 이제 더 이상 객사를 마다할 방법이 있을까? 혹시 단독주택이라면 모르겠다. 아파트에 사는 이들이 대부분인데 민폐도 보통 민폐가 아닐 것이다.

베이비붐 세대가 70~80대가 되면, 유럽등 선진국의 경우와 같이 본인이 자연스럽게 요양원에 입소하는 문화가 정착될지 모르겠다. 아니 그렇게 될 것이다.
국가, 정부는 현재의 요양원이 노인이 마지막을 존엄하게 마칠 수 있는 시설이 될 수 있도록 제도를 마련하고 재설계 해야 한다.

치매 엄마와 집에서 지낸 다섯째 날

엄마와 며칠 생활하면서 자세히 살펴본 결과 집에서 혼자 돌볼 수 있는 상태는 절대 아니라고 판단했다. 설령 어느 자식이 휴직을 하고 집에서 돌보겠다고 결정을 한다 하더라도 결국 힘들고 복잡한 상황에 직면하게 될 듯했다.

엄마는 소소한 일상생활인 목욕, 식사조차 혼자서 할 수 없는 상태이다. 가정에서 제대로 돌봄을 제공하기 위해서는 준비할 것들이 많을 것이다. 우선 환자가 다니는 곳을 중심으로 벽에 핸드레일, 즉 손잡이 연결이 필요하다. 또한 휠체어, 변기, 목욕용 침대, 병원용 침대 등등 필요한 것이 생각보다 더 많을 것이다.

이제 우리나라에서도 지역사회 중심의 실효성 있는 노인주거용 주택 건축이 필요한 시점이다. 이에 대해 더 적극적으로 생각해 보는 계기가 되었다. 노인주거용 실버타운 대중화도 필요하겠다.

그러나 이 모든 것들을 준비한다고 하더라도 집에서 누구 혼자서 돌보는 행위 자체가 위험하겠다는 생각이 더 지배적이었다.

아주 오래전, 산업사회 이전 농경사회에서 농한기와 농번기가 있는 대가족 또는 수렵 중심 사회에서 대가족 중심으로 조금씩 서로 도울 수 있는 환경이라면 가정에서 돌봄이 가능했다. 한 지붕 아래

3~4대가 함께하는 환경을 더 이상 구현할 방법이 없다면 사회시스템을 제대로 작동시켜야 할 것이다. 이전 가족의 역할을 국가 정부가 완벽하게 사회화하는 방향으로의 대전환이 필요한 것이다.

조카 린이 고모 집에서 3박 4일 할머니 간병을 도왔으나, 학교 과제와 대면 수업에 출석해야 해서 제 집으로 돌아가야 한다고 했다. 2020학번 린은 입학식도 없이 온라인 수업으로 대학생활을 시작했다. 코로나-19 사태 발생 이후 세대는 오프라인으로 입학식이나 졸업식을 하게 될까? 그렇지 않으면 더 이상 그런 요식행위가 완전히 필요 없어지는 것은 아닐지?

그저 그런 요식행위를 지극히 싫어하는 이라서 학위 사진 한 장조차 없는 이가 뭐 그리 아쉬워한다거나 우려할 바는 아니었다. 다만 산업화 세대 부모와 베이비붐 세대 부모가 자랑스럽게 맞는 잔칫날이 점차 없어지는 것이 아닐까. 우려스럽다.

그러나 그런 생각은 아주 잠깐뿐이었고, 더 심각한 문제를 해결해야 했다.

아, 린이 제 집으로 돌아가게 되면 엄마가 맏이 집에 온 첫날처럼 엄마와 나 둘이 남게 되는데 어쩌지… .

생각을 하다가 문득 엄마가 그렇게 가기 싫다는 요양병원이 아니고 재활병원이면 어떨까 하는 생각을 했다. 왜 그 생각은 못 했을까? 현재 엄마에게 진행되고 있는 치매 증상도 심각한 문제이지만 파킨슨병과 늑골 골절 및 척추 부위 통증 치료가 우선인데.

우리나라 재활의료기관 지정사업 관련 현황을 자세히 살펴보기로 했다.

재활의료기관에 대해 꼼꼼하게 살펴본 이후 관련 분야 의료인들과 상의를 했다. 모두들 현재 엄마의 심각한 증상인 파킨슨병 치료와 치매 진행을 조금이라도 늦출 수 있는 약 처방이 우선이라고 했다. 재활병원 치료가 가능하다는 의견도 제시했다.

우리 집에서 비교적 가까운 재활병원에 전화를 해서 재활병원 신경과 전문의 진료를 신청했다. 조카 린에게 엄마를 부탁하고 우선 엄마 입원진료에 대해 상담하기로 했다.

재활병원 신경과 진료실에서 환자 보호자임을 밝히고 엄마 상태를 자세하게 설명했다. 이후 엄마의 주치의가 되는 신경과장은 급성 늑골 골절, 척추부위 통증과 점차 심해지는 파킨슨병 치료를 위해 재활병원 입원이 가능하다고 했다. 재활병원에서 통증이 심한 척추부위와 파킨슨병 증상이 심한 손과 얼굴 부위에 물리치료가 가능할 것이라고 했다. 차분히 자세하게 설명했다. 고맙고 감사했다.

집으로 돌아오면서 남동생과 통화를 해 상황 설명을 했다. 남동생이 우리집에 와서 엄마를 만나고 재활병원 입원을 돕기로 했다.

제3장   재활병원에 입원한 엄마

재활병원에 입원한 엄마

  엄마 입원을 위해 남동생이 집으로 왔고 엄마와 재활병원 입원에 대해 상의했다. 치매 증상이 있는 노모를 대상으로 저지르는 조삼모사라고 한들 어쩌겠는가. 인지상태가 비교적 괜찮은 상태였을 때 얘기를 했다. 현재 심하게 떨리는 파킨슨병과 척추 늑골 골절로 치료가 필요한 상태이다. 요양병원이 아닌 물리치료 잘하는 재활병원으로 입원하는 것이라고 수차 강조했다. 그럼에도 치매 증상 얘기는 도저히 할 수가 없었다. 치매라는 그 병명을 들으며 절망할 엄마를 마주할 자신이 없었다.

  엄마는 재활병원에 대해서는 요양병원에 대해 갖는 반감이 없었고, 입원치료하는 것에 동의했다. 엄마는 아들과 잠시 이별할 준비를 했다. 당신 속옷 주머니에 넣어두었던 현금 뭉치를 꺼내 아들에게 주고 있었다. 외할머니가 현금을 넣어 둘 속옷 주머니를 만든다고 그리 싫어했던 엄마가 그 엄마와 같은 행태를 보이고 있었다.

여든 이후 내 모습도 저럴까?

치매 증상이 나타난 여든다섯 살 노인 엄마가 쉰 살 아들을 저리 안쓰러워한다는 사실이 오히려 측은하고 애잔했다. 그 엄마의 쌈짓돈을 받아 주머니에 넣는 아들은 마치 여섯 살 손자같이 천진난만해 보였다.

남동생은 큰누이가 엄마 주머니에 넣어 준 돈임을 아는지 모르는지. 아들은 태생적으로 그런 것인지, 우리 엄마 아들만 그런 것인지 모르겠다. 순간 "이 자식아, 넌 어찌 그 모양… 그럴 수가 있냐"고 확 소리를 지르려다 멈추었다. 저리 지독한 아들 사랑도 천생 병인 것을. 다정도 병이듯 말이다.

엄마와 재활병원 신경과 병동 입원을 하면서 간병인 신청도 했다. 코로나-19 팬데믹 상황이므로 보호자는 병실에 들어갈 수 없었다. 간호사실 입구에 서서 환자와 보호자가 알아야 하는 전반적인 규정 등에 대해 설명을 들었다. 환자 보호자가 듣고 사인할 서류가 많았다. 늘 그러하듯이 행정 처리는 복잡했다. 진료실, 원무과, 간호사실. One Stop Service가 필요한 시점이 아닐까.

내가 이러저러한 행정 처리로 바쁘게 오가는 동안 남동생이 제 딸린과 입원환자에게 필요한 물품을 구입해 간호사실에 전달했다. 퇴원하면 쓸모 없어질 이것저것들이 한 보따리였다. 이렇게 양산되는 쓰레기는 또 얼마나 많을지. 사람이 움직일 때마다 쓰레기를 만들 수밖에 없는 구조이다.

병원에서 꼭 필요하고 간편 간단한 '환자용 입원키트'를 개발 보급하면 어떨까하는 생각도 해 보았다. 허긴 입원키트도 또 쓰레기가 될 터이니 쉽게 판단할 사안도 아니다.

엄마는 방사선 검사를 해보니 이전에 비해 늑골 골절이 몇 군데 더 있었다. 이 상태로 통증이 얼마나 심했을까. 가슴이 아프고 안쓰럽고 미안했다. 그럼에도 어디에서 어떻게 다쳤는지 전혀 기억하지도 못했다. 뇌 MRI 검사에서 알츠하이머 치매 양상이 나타났다.

엄마 보호자로서 진료를 맡은 신경과장에게 잘 부탁한다고 수차 청하는 것 말고 더 할 수 있는 것이 없었다.

엄마가 입원실로 들어간 이후 병원을 나섰다. 하루가 어찌나 길었는지 피곤이 겹겹이라 바로 집으로 가려던 발걸음을 돌렸다. 치매 증상이 있는 엄마가 병원 환경에 적응하지 못하고 집으로 돌아가겠다고 흥분해 난폭하게 소리를 지르지는 않을까? 너무 심한 증상이 발생해 간호사실에서도 주치의도 감당을 하지 못한다면 또 어떻게 해야 할까? 심히 우려가 되었기에 그리할 수밖에 없었다. 어쩔 수 없는 보호자였던 것이다. 그것도 문제행동이 나타날 수 있는 치매질환자의 보호자였다.

그러그러한 잡다하고 과도한 걱정으로 엄마가 입원한 병원 근처를 떠날 수 없었다. 재활병원 근처 커피숍에서 은유 작가의 책『쓰기의 말들』을 읽으며 오후 6시까지 기다리기로 했다. 엄마가 저녁시간에

식사를 잘하고 병원 규정에 잘 따르고 있는지 확인하고 집으로 돌아가야 마음이 놓일 듯했다.

그렇게 한 시간이 지나고 오후 6시가 되었기에 병원 간호사실에 전화를 했다. 엄마가 저녁식사를 했는지, 문제행동은 없었는지, 조심스레 확인을 했다. 병실 간병인의 도움으로 식사도 했고, 휠체어를 이용해 화장실도 잘 다니고 있다고 했다. 일단 다행스런 마음으로 집으로 돌아왔다. 집에 도착해 엄마 전화를 받았는데, 병원은 편하고 따뜻하다고 했다. 나는 "감사하다"고 했다.

그런데 엄마의 그 말은 며칠 못 가서 "이제 집으로 돌아가야겠다"로 바뀌었다. 또 다시 전화에 대고 큰소리로 긴 설명을 해야 했다. 늑골 골절과 얼굴, 입과 손 떨리는 증상 치료를 하려면 3개월이 걸리니 지금 당장 집으로 갈 수는 없고 3개월 지난 후 생각해 보자고 설득했다. 그리 설명을 하면 엄마는 "알겠다"고 했고, 나는 "고맙다"고 했다.

엄마는 입원 다음 날부터 매일 여지없이 전화를 하기 시작했다. 병실 간병인이 엄마가 여기저기 전화를 계속하느라고 물리치료실도 못 가고 있다고 걱정할 정도였다. 어쩔 수 없이 무례와 염치를 무릎 쓰고 주치의인 신경과장과 통화해 전화시간을 제한토록 부탁했다.

엄마는 재활병원에 입원한 이후 치매 증상이 조금 나아졌다, 심해졌다, 하는 양상을 반복했다. 언젠가 한번은 전화를 해서, "내가 어느 날 길에서 쓰러졌었는데, 어떤 고마운 이가 자기 집에 데려가 보살펴주고 입원까지 시켜주었다"고 했다. "그 고마운 이가 누군지 모르지만 참 고맙다."고 했다.

엄마는 이번에 다친 후 맏이 집에서 며칠간 보냈다는 사실을, 그 시간들을 기억할 수 없는 것이다. 가장 최근 기억부터 사라진다는 말이 맞았다

치매!!!
태어나 살아오면서 한평생 경험했던 헤아릴 수 없이 많은 기억을 잔인하고 무섭게 앗아가는 질환이다. 한평생 기뻤고, 좋았고, 행복했고, 두렵고 불안했고, 슬펐고, 가슴 저리게 아프기도 했던 그 모든 기억들이 무참하게도 사라지는 것이다. 그럼에도 현재까지 확실한 치료제는 물론 적확한 치료법조차 개발되지 못한 불행한 상황이다. 결국, 완치가 불가능한 질환이라는 것이 불행한 사실이다.

치매질환자는 자신의 장기·단기 기억이 무참하게 모조리 사라진다 하더라도 스스로 인식조차 할 수 없기에 그 옛날 내 할머니 이야기 속 호환마마보다 더 무서운 질환이다.

엄마의 기억도 여느 치매질환자와 마찬가지로 서서히 무너지고 있었던 것이었다. 그런 상태로 매일 매일 자식들에게 잘 알아듣지 못해 답답한 듯 큰소리로 전화를 했다. 때론 알아들을 수 있는 말, 때론 무슨 얘기인지도 모르는 말들이었다.

재활병원에 입원해 3개월간 약물과 물리치료를 받기로 했다. 입원 초기엔 엄마 성향과 증상을 고려해 1인실을 요청했다. 간호사실과 원무과에 부탁해 간병인을 구해야 했다. 그렇게 구한 간병인은 조선족이었고, 보호자와 간병인 간 사적 계약으로 1일당 10만원을 지출해야 했다. 이렇게 한 달 평균 300만 원이 지출될 것이었다. 아버지가 남긴 연금으로는 병원진료비와 간병인 비용을 모두 감당할 수 없는 상태가 될 것이 분명했다.

엄마는 오 남매를 두었으니 얼마나 다행일까. 설령 연금이 없더라도 간병비용을 포함해 치료에 필요한 비용을 나눠 부담한다면 부담이 그리 크진 않을 것이다. 어느 누구 혼자서 부담해야 한다면 어땠을까 생각하며 심란한 마음이었다.

이를 어쩌나. '우리 국민들 부담이 상당히 크겠다. 큰일이다. 심각하다'.

엄마 입원 1주일 후 요양병원 간호부장으로 은퇴한 선배를 만났다. 재활병원 간병인 운영제도에 대해 알아보았다. 재활병원의 경우 통상 국민건강보험공단에서 지정한 1개 간호간병서비스 병동이 있다고 했다. 그 외 재활병원 특성상 환자 대부분 장기간 치료가 필요하기에 4인 병실에 간병인 한 명을 두어 운영하고 있다고 했다. 이 4인 병실 입원환자는 간병비용으로 일일 3만 원을 지출하는 구조로 운영하고 있었다. 일부 요양병원에서도 이와 같은 간병인 활용 방식을 도입하고 있다고 했다. 그러나 간병인 교육과 관리에 대한 제도적 뒷받침이 없다고 했다. 이는 다만 장기간 치료가 필요한 환자의 보호자 부담을 완화하기 위해 병원 측에서 할 수 있는 최선의 대안이었을 것이다. 간병인 비용이 월 300여만 원에서 90여만 원으로 낮아지는 것은 분명한 사실이다. 이런 방식을 도입한 병원 운영 방식에 감사해야 함에도 무엇인가 석연치 않은 구석이 남았다. 통상 장기치료가 필요한 환자의 가족이 부담하기엔 90만 원도 큰 금액이기에 그렇다. 또한, 4명의 환자를 간병인 한 명이 24시간 돌보는 것이 가능할지에 대한 우려도 있었다.

이후 일부 요양병원장, 그리고 간호부장을 만나 좀 더 세부적인 상황을 파악했다. 병원 입원환자 특성에 따라 4:1 간병, 5:1 간병, 심지어 8:1 간병 방식까지도 운영하고 있었다. 병원 측에서 장기입원환자 보호자의 부담을 고려해 도입한 고육지책이었고, 이에 대한 보호자 만족도가 높다고 했다.

그렇다면 이렇게 업무를 수행하는 간병인들의 업무 부담과 소진은 어떻게 해결할 것인가? 당연히 3D 업종이니 간병인 직업을 기피하게 될 것이다. 현재 활동하는 많은 간병인력이 탈북자, 조선족을 비롯한 외국인으로 대체되고 있었다. 건강보험제도에서 완전히 사각지대로 남아 있었던 것이다. 간호간병서비스제 도입으로 간병 역시 건강보험에서 급여해야 할 항목이라는 것에 대해 공감대는 이미 형성되었다. 그러나 간호간병서비스를 요양병원 장기입원환자에 도입하기엔 건강보험 재정 부담이 큰 게 현실이다. 현재와 같이 사적 계약방식으로 운용해서는 국민 부담을 경감할 수가 없다. 이는 전 국민 대상 의료보장성 강화정책, 현재의 문재인 케어 의미가 퇴색되는 것이다.

오래전 학위과정에 있을 때 대기업 손해보험사에 근무하면서 비급여 진료비의 심각한 폐해를 인식했었다. 이후 평소 소망했던 정책연구를 위해 국민건강보험공단 건강보험연구원으로 이직했다. 2007년부터 우리나라 비급여 진료비 문제를 해결하고, 국민건강보험 보장성을 강화하기 위해 다양한 정책 보고서를 작성·발표했다. 초기 '비급여 진료비 관리 방안' 보고서 출발 지점에서 많은 우려, 오해와 공격도 받았다. 정권이 바뀌고 힘든 시기도 있었으나, 암질환, 심·뇌혈관 질환, 그리고 희귀난치성 질환에 진료비 본인부담액을 대폭 경감하는 4대 중증질환 보장성 강화로 연결되었다. 이는 현 문재인 정부 국정과제로서, 필수의료에 해당하는 비급여 진료 항목을 건강보험에서 대부분 급여하는 '문재인 케어'로 완성되었다. 국민이 부담하는 진료비가 대폭 낮아졌다는 사실에 나름 자부심이 있었는지도 모르겠다. 어쩌면 간호간병서비스제도 도입으로 국민이 부담하는 간병비용 문제가 점차 해결될 것으로 기대했을 수도 있겠다.

그러나 간호간병서비스제도를 대부분 장기 입원환자가 이용하는 요양병원 등에 도입하기에는 건강보험 재정 부담이 크다.
그렇다면 이제 요양병원 등 장기요양기관에 적합한 새로운 간호간병서비스 방식 도입을 고민해야 할 시점이라는 판단이었다. 간병을 건강보험 급여항목으로 설정하고 제도화 방안을 모색해야 할 것이다.

어쩌면 교만이고 오만일지도 모르겠다. 그러나 아직 우리나라를 건강한 복지국가로 만들기 위해 내 작은 손을 보탤 일이 남아 있다고 생각하는 계기가 되었다. 건강보험 재정으로 장기입원환자 간병비 급여를 위한 새로운 제도가 필요했다. 사람이 미욱해서 실제 당면하거나 직접 경험을 해보지 못한 부문에 대한 문제의식이 부족했다. 이순(耳順)이 다 되어가는 이 순간까지도 그렇다. 더 많은 고민을 해야 했다. 아니 고민이 필요했었다.

이제 와 다시 돌아보아도 우리나라 초고령화는 보건복지 부문에서 해결할 주요 과제임이 분명했다. 1차 베이비붐 세대가 65세 이상 노인 반열에 들어가기 시작한 것이다. 2020년 기준 노인인구는 8,496,077명(남자 3,680,518명, 여자 4,815,559명)이다. 곧 노인인구 구백만 명, 이어서 천만 명 시대를 맞게 된다는 사실이다. 백세인구 Homo-Hundred라는 신조어까지 등장했다. 이렇게 지속적으로 늘어나는 노인인구로 인해, 17.5% 노인인구가 전체 의료비의 50%를 소비하고 있다. 향후 노인의료비 부담을 물론 돌봄에 대한 부담이 우리 사회의 큰 이슈가 될 것이다.

전체 사망자 수 및 평균수명, 기대수명

(5년 단위, 1970-2019)

	사망자 수	평균수명(기대수명)		사망자 수	평균수명(기대수명)
1970	258,589	62.27	2000	248,740	76.01
1975	270,657	64.25	2005	245,874	78.24
1980	277,284	66.15	2010	255,405	80.24
1985	240,418	68.91	2015	275,895	82.06
1990	241,616	71.66	2019	295,110	83.29
1995	242,838	73.81			

1970~2019년 전체 사망자 수

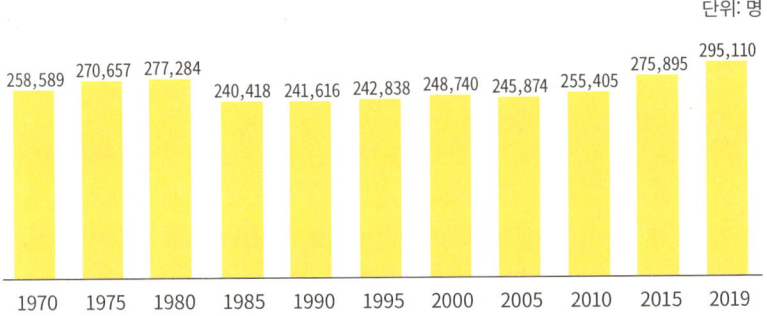

1970~2019년 전체 평균수명(기대수명)

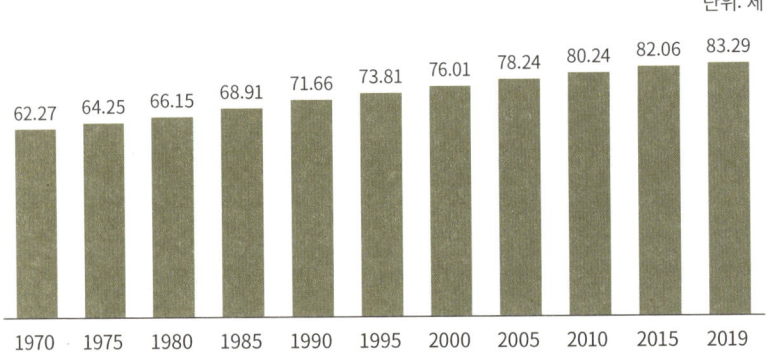

이 같은 초고령 사회에서 국가 사회적 당면과제는 건강수명 연장을 위한 노력이다. 즉, 국가 사회는 지역사회 주민이 자신이 평소 살았던 집에서 더 오랫동안 잘 머물 수 있는 대안을 마련·제시하고 관리를 해야 할 것이다.

그러나 지역사회에서 적극적인 관리에도 불구하고 스스로 일상생활이 불가능한 상태가 되면 요양병원, 재활병원 등 장기요양기관 입원이나, 요양원(요양시설) 입소가 불가피하게 될 것이다. 물론 병원 입원 또는 요양원 입소 상황에서도 케어 목표는 탈시설화가 되어야 할 것이다.

그럼에도 현재는 다양하고 복잡한 사회적 요인과 결부되어 현실적으로 탈시설화가 어려운 실정이다. 그 요인 중 가장 주요한 것은 현재 65세 이상 노인이 산업화 세대라는 사실이다. 산업화 세대는 국가발전에 크게 공헌했으나, 자기 자신 돌봄에 인색한 세대였다. 이들의 의식과 무의식에는 가난에 대한 공포가 존재했을 것이다. 가난을 대물림하지 않기 위해 자식이 더 나은 직장과 위치를 차지할 수 있는 방안으로서 최선을 다해 양육하고 교육한 세대이다. 즉, 그들은 가족을 위해 최선을 다했으며, 자식을 위한 사다리 역할에 충실했다. 그러그러한 연유로 본인의 건강을 돌볼 여유조차 없었던 이들이다. 어쩌면 그들은 희생을 당연시했고, 또 희생을 강요당한 불행한 세대임에 틀림없다.

이와 같이 불건강하고 입원치료가 필요한 노인이 점차 늘어나고 있는 현 시점에서 가장 큰 문제는 제도 사각지대에 있는 간병인을 통해 제공받게 될 서비스 질과 비용 문제이다. 제도권 밖에서 환자 또는 가족과 간병인이 사적 계약으로 간병서비스를 받고 있는 현실이기에 그렇다.

가족 간병이 어려운 환자 또는 가족은 1일당 10만~12만 원이라는 큰 비용을 지출할 수밖에 없다. 대부분 가정은 상당히 큰 부담이 되는 비용이다. 그런데 상급종합병원, 종합병원 입원환자는 대부분 급성기 치료와 수술 등으로 단기간에 치료가 끝나니 체감하는 부담이 그리 크지 않을 수도 있겠다.

엄마의 장기입원이 아니었으면 이 현실을 제대로 인식하지 못했을 것이다. 즉, 요양병원·재활병원 등을 이용하는 환자는 대부분 노인환자이고 장기입원을 하게 된다.

이 경우 입원환자들 대부분이 간병인으로부터 신체적 도움과, 정신적 지지, 배려와 보살핌이 필요한 상황이다. 그런데 안타깝게도, 신체 정서적·지지·배려·보살핌 등에 대한 체계적인 교육시스템이 부재한 상황에서 서비스 질을 담보할 수 없는 상황이다. 이 상태에서 개인이나 가족이 매월 90~300만 원 정도 비용을 지출하고 있는데, 그럴 수밖에 다른 방법이 없다. 우리 현실이고 고육지책이다.

건강보험심사평가원 통계자료를 살펴보았다. 재활병원은 따로 통계가 없었기에, 요양병원을 중심으로 살펴보았다.

2021년 기준 우리나라 전체 요양병원은 1467개소였다. 경기 321개소, 부산 169개소, 서울 124개소 순이었다.

지역별 요양병원 현황

서울	부산	대구	인천	광주	대전	울산	세종	경기
124	169	75	67	58	49	41	5	321
강원	충북	충남	전북	전남	경북	경남	제주	계
33	41	67	83	83	112	130	9	1,467

(2021년 3/4분기 기준, 개소) (자료원: 건강보험심사평가원)

요양병원 입원환자 전체 입원일 수는 66,124,520일이었다. 건강보험 급여비는 4,633,312,609,000원이었고, 환자 본인일부부담금은 1,374,520,484,000원이었다. 일당 건강보험 급여비를 살펴보면, 70,069원이었고, 본인일부부담금은 20,786원이었다.

요양병원 입원일 수 및 진료비 현황

요양일수 (일)	요양병원 총 진료비 (천원)	요양급여비(급여비, 본인일부부담금) (천원)	요양일당요양급여비, 본인일부부담금) (원)
66,124,520	6,007,833,093	4,633,312,609	70,069
		1,374,520,484	20,786

(2020년 기준) (자료원: 건강보험심사평가원)

요양병원 입원일수에 따른 간병비용 추정

요양일수 (일)	간병비용 (일당)	간병비 총 비용 추정 (천원)
66,124,520	120,000	7,934,942,400
	100,000	6,612,452,000
	40,000	2,644,980,800
	30,000	1,983,735,600

(2020년 기준) (자료원: 건강보험심사평가원)

    건강보험 진료비에서 본인일부부담금은 일당 20,786원으로 큰 부담은 아닐 것이다. 그러나 장기입원환자의 간병비용 부담이 가장 큰 문제이다. 2020년 요양병원 입원환자의 전체 입원일수가 66,124,520일이었는데, 전체 환자가 간병인이 필요하고 일당 12만 원을 지출한다고 가정할 때, 7조 9000억 원이 필요할 것이다. 또한 일당 10만 원을 지출한다고 가정할 때, 6조 6000억 원이 필요할 것이다. 다음으로 현재 요양병원이 입원환자를 위해 운영 중인 방식인 4인실 4만 원, 5~8인실 3만 원을 지출한다고 가정할 때, 각각 2조 6400억 원, 1조, 9800억 원으로 추정할 수 있겠다.

    장기입원이 다수인 요양병원에서 현재 건강보험제도의 간호간병서비스 적용은 시기상조일 듯하다. 그렇다면 대안으로 현재 4인실 4만 원, 5~8인실 3만 원 적용 방식에서 대안을 찾을 수도 있을 것이라는 생각을 해 본다.

현 시점에서 더 심각한 문제는 제도권 밖에서 이루어지는 간병인 교육으로는 간병서비스의 질적 수준 측정도 보장도 어렵다는 사실이다. 보다 큰 문제는 이 같은 교육을 통해 자격을 받을 수 있는 간병인마저 극히 일부라는 사실이다. 즉, 한국자격증정보원에서 교육을 받고 자격증을 취득하는 간병인력보다 교육받을 기회조차 없이 간병인 역할을 하고 있는 인력이 많은 현실이다. 이러한 현실은 모두 간병 대상자인 우리 국민이자 환자와 가족에게 불편 불행으로 직접 연결된다. 또한, 현재 간병인 역할을 하는 우리나라 국민은 대부분 60세 이상으로 전형적인 노노케어 현실이다. 간병인력 국가 관리시스템 구축을 위한 법·제도화가 필요한 시점이다.

재활병원 입원 1주일이 지난 이후 엄마는 4인 병실로 옮겨서 치료를 받게 되었다. 엄마 입원 후에 장기입원치료가 필요한 환자 간병인 제도 필요성에 대한 문제인식이 심화되고 있었다. 이 과정에서 지인 중 부모가 요양병원과 노인병원에 입원 중인 이들을 인터뷰했고 간병비용 부담에 대해 수차 토론을 하였다. 무엇보다도 간병인 대다수가 조선족, 탈북자라는 사실도 확인했다. 탈북자는 원하는 경우 간병인 교육을 받을 수 있겠으나, 조선족 간병인은 교육을 받을 기회조차 없이 간병 현장에 배치되고 있음을 파악하게 되었다.

분명 간병인이 간병서비스를 제공하는 장소는 병원이나, 제도적으로 병원장과 간호부장 등 직원이 간병인 교육 및 관리 의무와 책임조차 없다. 그저 병원에서 입원환자를 도와주는 그 이상도 이하도 아니라고 인식할 수 밖에 없다는 사실이다. 제도 사각지대에 존재하는 직종이 간병인이었던 것이다. 가장 큰 문제는 이들 간병인은 환자 케어 방식을 물론 인권, 돌봄철학 등에 관련된 체계적 교육을 받지 못한 채 병원현장에 배치되고 있었다. 앞으로 우리 자신이 그 대상자가 되지 않는다고 보장할 수 있을까? 내 마지막도 이런 상황에서 마감되지 않는다고 보장할 수 있을까? 이는 더 이상 개인과 가족의 문제가 아닌 국가 사회적으로 해결할 주요 과제라는 국민적 인식이 점차 확대될 것이다.

간병인 국가관리 시스템 구축에서 특별히 고려해야 할 복잡한 부문이 있다. 우리나라에 입국해 간병인 역할을 하고 있는 조선족, 탈북자, 그리고 이주민 여성 대상 한글교육을 통한 한글자격시험 시행이 필요하겠다. 이렇게 한글자격시험에 통과한 인력 대상 간병인 양성교육을 시행해 자격을 부여하는 방식은 어떨까 생각해 본다.

엄마는 재활병원에서도 지속적으로 불안과 망상 증상이 나타났다. 우리는 "빨리 집에 데려다 달라"는 엄마 전화를 수시로 받아야 했다. 코로나-19 팬데믹 사태로 보호자 방문이 어려웠다. 그러다 보니 환자들의 불안감이 더 심하게 나타날 수 있었을 것이다. 엄마는 늘 "당장 와서 퇴원을 시켜 달라"고 했다. 돈을 잃어버렸다고 간병인을 의심했다고 들었다. 간호사실에서 현 상태로는 감당이 어렵다고 전화

했다. 전화 너머로 흥분한 엄마 목소리가 들리기에 "엄마 나중에 치료 잘 끝나면 돈 많이 드리겠으니 잊어버리자"고 달래고 달랬다.

그러나 병동 간호사실에서는 엄마의 의심 증상이 막무가내라고 했다. 결국 병동에서는 엄마가 잃어버렸다는 돈을 찾기 위해 전 병동 환자, 간병인, 간호사실 대상 검사 아닌 검사를 했다고 들었다. 그런데 그 돈은 엄마 양말목에서 나왔다고 했다. 주치의, 간호사들, 간병인들에게 진심으로 사과했다. 염치없지만 조금 더 도와주시길 바라고 부탁한다고. 환자 보호자이기에 죄송하다는 말만 되풀이할 수밖에 달리 방법이 없었다.

엄마는 자식들 전화번호를 자주 잊어버렸고, 수첩을 보면서 휴대폰 숫자판 누르는 것이 힘들고 어렵다고 했다. 결국 병실 간병인이 엄마 수첩을 보고 전화 연결을 도와야 했다. 한 병실에서 환자 4명을 돌보는 간병인은 자주 힘들다고 어려움을 토로했고, 충분히 이해한다고, 도와달라고 부탁해야 했다. 엄마가 쉬지 않고 전화 연결을 부탁할 터이니 그 수고가 얼마나 클지 잘 알면서도 "미안합니다, 고맙습니다, 부탁합니다" 이외 더 할 수 있는 말이 없었다.

결국 며칠 후 신경과장을 방문해 상의를 했다. 담당 과장은 엄마의 전화 이용시간을 통제해 보기로 했다. 이후 며칠간 담당 과장의 설명을 잘 듣고 실천했으나, 그 방법 또한 그리 오래가지 못했다. 치매질환자 엄마가 자식을 찾는 간절함과 심각한 고집을 당할 이는 어디에도 없었다.

또 하나 큰 문제가 발생했다.

자신이 간호사 입장이었을 때는 4인 병실 간병인 한 명이니 이해하고도 남는 문제였으나 자식 입장에서는 가슴이 아팠다. 엄마는 병원 입원 이후 많이 불안했을 것이다. 무엇보다 평소 변비가 심했기에 자주 화장실을 데려다줄 것을 요구했으리라. 엄마는 원하는 시간에 맞추어 화장실에 갈 수 없다고 불만을 표시했을 것이고, 간병인은 엄마가 볼일도 못 보면서 자주 화장실로 데려다 달라고 해 갈등이 발생했을 것이다. 너무 당연한 결과였으나, 보호자 입장에선 마음이 썩 좋지 않았다.

병원 간호사실에서는 기저귀 착용이 필요하다고 했고, 엄마는 절대로 못 하겠다고 싫다 했다. 엄마는 또 집에 데려다 달라며 수없이 전화를 했다.

엄마가 혼자서 움직일 수 있을 때 가자고 설득했다. 다시 1인실로 옮기고 1인 간병인을 구해야 할까 고민을 했고, 담당 과장 면담을 했다. 결국 담당 과장의 중재로 야간시간에만 기저귀를 착용하는 것으로 결정했고, 엄마도 동의했다.

여러 증상과 사건에도 불구하고 재활병원에서 제공하는 물리치료, 작업치료는 파킨슨병 증상을 완화시키는 데 많은 도움이 되었다. 외래 정밀검사를 위해 보호자 사인이 필요했다. 당시 만난 엄마는 움직임이 조금씩 나아지고 있었다. 파킨슨병 약제와 치매약제도 도움이 되었으리라.

애초 재활병원 입원 당시 의료진과 3개월 재활치료 후에 요양원으로 옮기는 수순으로 가기로 했었다.

엄마는 재활병원에서 3개월 정도 약물치료로 늑골 골절 부위와 척추 부위 통증이 많이 완화되고 있었다. 물리치료로 파킨슨병 증상도 더 심각하게 진행되지는 않는 듯했다. 다만 치매질환 증상은 약물 투여에도 불구하고 점차 악화되고 있었다. 이제 요양원 입소를 준비할 시점이 되었다고 판단했다.

재활병원에 입원해 있는 동안 요양원 시설급여 인정을 받기로 했다. 이를 위해 국민건강보험공단 지사 노인장기요양보험 담당부서에 요양원 입소를 위한 심사 신청을 했다. 재활병원에서 노인장기요양보험 심사를 한결 수월하게 끝냈다. 재활병원 신경과 전문의의 세심한 배려로 진단서, 소견서, 노인장기요양보험 신청서 등 필요한 서류를 제출할 수 있었다. 이 글을 쓰면서도 그 배려에 감사한 마음이 크다. 그 감사한 마음은 아주 오래도록 간직할 것이다.

무엇보다도 간병문제 심각성에 대해 제대로 인식을 하게 되었음에 감사한다. 2021년 초에 시민사회단체 '간병시민연대' 창립 운영위원으로 참여했다. 이러한 문제 인식은 2021년 5월에 '간병인 제도화 방안 마련 연구'를 위해 건강문제로 휴직했던 정부기관 교수로 복직하게 되는 큰 계기로 연결되었다.

현재 우리나라에서는 시민의식이 발전했고, 훌륭한 민주주의를 이룩했다. 그러나 빈부격차는 어떤가? 경제 수준으로 볼 때 상위 10퍼센트 인구가 부의 94.6%를 차지하고 있는 현실이다.

개인적으로 영화 연극 등 예술 분야엔 문외한이라 <기생충>이라는 영화의 작품성 예술성에 대해서는 잘 모르겠다. 정치인을 포함한 우리 국민들은 그 영화가 유명한 상을 받았음을 자랑스러워하는 듯했다. 그러나 개인적 견해는 당연히 흥행을 위해 극적 요소를 가미했다고 하더라도 그런 영화 탄생 배경이 우리나라 현실이라는 사실이 무척 부끄러웠다. 소위 '기생충'이라고 지칭된 이들의 노부모 또는 가족이 요양병원과 같은 기관 입원 또는 요양원 같은 시설에 입소하게 되는 경우 어떻게 할 것인가?

여기에서 복잡한 자유시장경제와 빈부격차에 대한 사회문제를 감히 언급하자는 것은 아니다. 이 부분에 대한 해결방안 모색은 보건의료간호 분야가 아닌 정치사회경제학자들 몫이기에 그러하다.

여기에서는 그저 독자의 판단에 맡기기로 한다.

코로나-19 종식 이후 우리나라는 명실상부한 선진국으로 자리잡을 것이다. 최근에 우리나라는 OECD 국가 중 상위권인 영국, 이탈리아를 추월할 가능성이 있다고 한다. 우리 한국은행에서는 2022년 1인당 국민소득이 3만 5,000달러, 곧 1인당 국민소득이 4만 달러가 될 것이고 2027년경에는 1인당 국민소득 5만 달러 달성 가능성까지 전망하고 있다. 이 같은 전망을 보는 것만으로 자부심을 갖게 된다. 또 저소득국가 저개발국가 연구자, 교수, 공무원 대상 강의에서 K-방역 성공과 함께 자랑스럽게 얘기하기도 한다.

그러나 대다수 국민이 국민소득 4만 달러 시대라는 사실이 피부에 와 닿기나 할지 의문이다. 국민총소득이 상당한 수준에 도달했으나, 대다수 국민 삶의 질은 개발도상국 정도에 불가하다고 해도 과언이 아니기에 그러하다.

일부 재벌 대기업을 포함한 소득 상위 10% 국민에 부富가 집중되고 있기에, 나머지 90% 국민은 소득 4만달러가 된다고 하더라도 체감이 어려울 것이다. 소득 상위 10% 인구의 자산이 하위 50% 인구 전체자산의 52배가 되는 불평등 사회이기에 그렇다.

이런 상황에서 소득 하위 50% 국민의 부모 또는 가족이 요양병원에 장기입원한다면 간병비용을 어떻게 부담할 수 있단 말인가?

간병비용으로 인해 의료이용에 형평성 문제가 발생한다면 국가 정부는 그 해결방안 마련을 위한 역할을 충실히 해야 할 것이다.

재활병원에서 엄마는 요양원 입소를 위해 장기요양등급 심사를 받았다. 그리고 요양원 이용이 가능한 시설급여 전환으로 인정되어 요양원 입소가 가능하게 되었다.

노인장기요양보험 인정 절차

1) 신청

① 신청자격: 노인 등으로서 다음의 하나에 해당하는 자격을 갖추어야 한다. (「노인장기요양보험법」 제12조)_노인장기요양보험 가입자 또는 그 피부양자, 「의료급여법」 제3조제1항에 따른 의료급여수급권 자임.

② 제출서류: 장기요양인정신청서, 의사 또는 한의사 소견서(이하 "의사소견 서")를 제출해야 함.

2) 조사

대상자는 장기요양인정신청서를 접수한 후에 공단의 소속직원으로부터 다음 사항에 대해 조사받게 됨. 대상자의 심신상태, 대상자에게 필요한 장기요양급여의 종류 및 내용, 그 외 장기요양에 관련하여 필요한 사항을 조사함.

3) 심사 및 등급판정

① 조사가 완료되면 대상자는 장기요양등급판정위원회(이하 '등급판정위원회'라 함)로부터 장기요양인정 신청자격요건을 충족해야 함.

② 또한 6개월 이상 동안 혼자서 일상생활을 수행하기 어렵다고 인정되는 경우, 심신상태 및 장기요양이 필요한 정도 등 다음의 등급판정 기준 (7. 장기요양등급 참고)에 따라 수급자로 판정됨. (「노인장기요양보험법」 제15조 제2항 및 「노인장기요양보험법 시행령」 제7조 제1항)

③ 등급판정위원회는 신청인이 신청서를 제출한 날부터 30일 이내에 장기요양등급판정을 완료해야 함.
다만, 대상자에 대한 정밀조사가 필요한 경우 등 기간 이내에 등급판정을 완료할 수 없는 부득이한 사유가 있는 경우 30일 이내의 범위에서 연장이 가능함. (「노인장기요양보험법」 제16조 제1항)
④ 장기요양 등급 판정은 심신 기능 상태에 따라 일상생활에서 도움(장기요 양)이 얼마나 필요한지를 지표화한 장기요양점수를 기준으로 등급을 구분 함. 장기요양등급 1~5등급 5개, 인지지원등급 1개로 6개 등급으로 구분 함. 여기에서 인지지원등급은 치매환자를 위한 등급임.

4) 장기요양급여 종류
① 장기요양급여는 재가급여, 요양원급여, 특별 현금급여로 구분되며 한 가지만 이용 가능함. 단, 가족요양비(특별 현금급여) 지급 대상자는 복지용구(기타 재가급여)를 추가로 이용 가능함.
② 장기요양 1등급 또는 2등급 수급자는 재가급여 또는 요양원급여 모두 이용할 수 있으며, 3~5등급, 인지지원등급 수급자는 재가급여만 이용할 수 있음.
다만, 3~5등급 수급자는 등급판정위원회로부터 요양원급여가 필요한 것 으로 인정받은 경우 요양원급여 이용이 가능함.

그렇게 서서히 우리 엄마가 요양원에 입소할 날이 다가오고 있었다.
재활병원이라 시설 좋고 서비스 질이 우수한 곳에서 장기입원에 적응한 엄마는 요양원에 대한 막연한 불신도 반감되고 있었다. 엄마의 과격한 문제행동조차 따뜻하게 보살펴 준 담당 과장과 간호사들의 노고에 더할 수 없이 감사한 마음이었다.

제4장   엄마가 요양원에 있다

셋째 딸 주변 요양원에서

엄마가 재활병원 장기입원에 적응하고 있었던 2020년 8월경 부득이한 사유로 스웨덴 스톡홀름으로 떠날 수밖에 없었다. 그리고 4개월이 지난 후 돌아왔다.

우리나라를 떠날 때나 돌아올 때에도 의료인으로서 모든 지식을 동원해 할 수 있는 모든 방역지침을 지켰다.

스톡홀름에 있을 당시에도 변함없이 엄마로부터 오는 전화는 계속되었다. 초연결사회임을 새삼 실감했다. 시차가 있어 자고 일어나면 전화번호를 남겨놓곤 했다. 국제전화라 잠깐씩 통화를 할 때면 "집에 가고 싶다, 돈이 없다"는 얘기를 주로 했다. 우리나라에 돌아가서 주겠다고, 지금 외국에 있다고 해도 엄마는 알아듣지 못했다.

엄마 치매 증상 중 가장 심각한 증상은 전화에 대한 망상인 듯했다. 물론 시간이 더 지나면 전화조차 잊게 될 것이지만 당시는 그랬다. 어떤 날은 전화에 관심이 없고, 어느 날은 무자비하게 전화를 해 부재중 전화로 남겨 놓았다. 때론 속상했고 미안했고 답답하기도 했다.

재활병원 입원 당시 병원 간호사실이나 주치의가 통상 일반인의 근무시간인 오전 9시에서 저녁 6시 사이에 보호자를 찾는 경우가 있었다. 이런 경우에 자식 누구도 방문할 수 없어 난처한 상황에 처한 적이 여러 차례 있었다. 그때마다 우리 상황을 병원 측에 설명하는 것도 무례할 듯해 조심스러웠다. 병원에 환자를 부탁한 보호자는 어쩔 수 없이 갑·을·병·정 중에서 을도 아니고 정이 되는 것이 아닐까 하는 생각을 하는 계기가 되었다면 과한 이야기일지.

일단, 우리나라 전체 요양원 현황을 살펴보았다. 2020년 9월 기준 입소가 가능한 전국 요양원은 5,694개소였고, 요양원 입소자는 174,634명이었다. 특이하게도 충북지역에 요양원 입소자가 8,285명으로 인구 대비 많은 편이었다. 이후 시간 여유가 있을 때 세부적인 원인 분석을 해 보아야겠다고 생각했다.

요양원 현황

구분	2020. 9월	2019. 12월	2018. 12월	2017. 12월
총계	25,145	24,953	21,290	20,377
요양원급여 기관수	5,694	5,543	5,320	5,304
재가급여 기관수	19,451	19,410	15,970	15,073

재가급여 서비스 종류별	방문요양	15,248	15,305	12,335	11,662
	방문목욕	10,991	11,121	9,665	9,357
	주야간보호	4,525	4,179	3,211	2,795
	단기보호	154	162	179	218
	방문간호	780	795	682	650
	복지용구	1,937	1,975	1,920	1,892
	소계	33,635	33,537	27,992	26,574

지역별·도시별 요양원 입소자 수

구분	2016년	2017년	2018년	2019년
전체	150,395	156,862	163,484	174,634
서울	11,868	11,771	12,174	12,328
부산	6,010	5,878	5,951	6,204
대구	5,562	6,257	6,409	6,748
인천	10,488	11,068	11,657	12,967
광주	3,290	3,356	3,316	3,412
대전	4,807	4,770	5,214	5,725
울산	1,560	1,555	1,613	1,960
세종	373	411	515	547
경기	43,146	46,539	49,997	54,923
강원	8,252	8,569	8,735	9,164
충북	6,975	7,578	7,945	8,285
충남	8,118	8,690	8,878	9,695
전북	7,236	7,317	7,207	7,491
전남	7,937	7,975	8,276	8,711
경북	11,756	12,064	12,262	12,926
경남	9,440	9,563	9,788	9,972
제주	3,577	3,501	3,547	3,576

(단위: 명)

요양원 인력 현황

구분	2016년	2017년	2018년	2019년	점유율(%)
계	344,242	377,184	421,326	492,132	100.0
사회복지사	14,682	18,535	22,305	26,395	5.4
의사(촉탁포함)	1,683	2,198	2,210	2,358	0.5
간호사	2,675	2,791	2,999	3,312	0.7
간호조무사	9,080	9,845	10,726	12,054	2.4
치과위생사	5	7	10	7	0.0
물리치료사	1,974	2,024	2,122	2,350	0.5
요양보호사	313,013	340,624	379,822	44,525	90.3
영양사	1,130	1,160	1,132	1,131	0.2

(단위: 명)

요양원 인력 492,132명 중에서 요양보호사(90.3%)를 제외하고 가장 많은 인력이 사회복지사로 5.4%, 간호조무사가 2.4%로 두 번째로 많았다. 간호사는 0.7%에 불과했다.

스웨덴 스톡홀름에서 SNS를 이용해 오 남매의 의견을 들었다. 논의 결과 비교적 시간을 자유롭게 쓸 수 있는 자식이 곁에 있는 간호요양원을 선정하기로 했다. 사업으로 바쁘지만 비교적 시간이 자유로운 셋째가 살고 있는 지역에 있는 요양원을 알아보기로 결정했다.

보건복지부와 국민건강보험공단 홈페이지에서 셋째가 사는 지역 소재 간호요양원이 있는지 검색했으나 없었다. 아쉽지만 어쩔 수 없었다. 셋째가 선정한 요양원 홈페이지에서 댓글들을 자세히 읽어보았다. 노인장기요양보험 요양원 평가 점수도 살펴보고, 의료인 지인을 통해 요양원에 대해서 알아보기도 했다. 한편으로 요양원에서 진행하는 치매질환자를 위한 프로그램도 자세히 살펴보았다. 물론 대부분 코로나-19 팬데믹 사태 종료 이후 진행 가능한 프로그램이겠지만.

우리나라 요양원에서 진행하는 프로그램에 대해서 찾아보는 것도 잊지 않았다. 국민건강보험공단에서 설립해 잘 운영하고 있는 서울요양원에서 진행하는 프로그램에 대해서는 더 자세히 살펴보았다.

국가, 지자체에서 운영하는 의료기관과 요양원에서 진료와 케어에 대한 표준을 제시하고 교육을 진행해야 할 것이라고 판단했다.

향후 국가·정부 공공영역에서 운영하는 요양병원과 요양원이 많이 증가하길 바래 보았다.

요양원 진행 프로그램[15]

종류	구성	세부내용
생활지원 프로그램	일상지원서비스	위생관리, 세탁물 관리, 실내환경관리, 각종 기록관리, 쓰레기배출, 안전관리
	신체지원서비스	세안 및 손발 씻기, 이미용 관리, 구강위생관리, 두발관리, 회음부 관리, 목욕관리, 배설 관리, 식사보조, 옷 갈아입히기, 체위변경, 수면관리, 이동보조
	영양급식서비스	식이 제공, 간식, 식이 평가, 위생관리
기능유지 및 증진 프로그램	건강증진서비스	건강사정 및 상담, 배설 간호, 통증 간호, 영양 간호, 예방 간호, 진료연계, 투약관리, 피부 간호, 호흡 간호, 촉탁의 진료, 응급지원, 임종 간호
	기능회복서비스	온열치료, 전기자극치료, 운동치료, 마사지, 작업치료, 기능회복훈련
	인지향상서비스	노인놀이치료, 원예치료, 음악치료, 다감각중재치료
가족지지 및 특화 프로그램	가족지원서비스	개인별 상담, 가족상담 및 간담회, 가족 초청행사, 가정통신, 만족도조사
	특화지원서비스	노-노(老-老) 케어, 운동회, 비약물요법
	임종돌봄서비스	임종 돌봄, 가족 돌봄
여가 및 정서 프로그램	여가지원서비스	나들이 및 산책, 취미활동, 생신잔치, 요리교실, 미용활동, 실버체조, 지역사회 행사 참여, 특별공연, 방송 시청
	정서지원서비스	두피마사지, 말벗, 아로마요법, 일광욕, 족욕 및 발마사지, 종교활동, 특별행사

[15] 국민건강보험, 서울요양원, 서비스안내, Available from: https://www.xn--2i4bo5fgwadewe.kr/sgcf/service/facility/CustService/

치매질환자 전담형 프로그램

종류	구성	세부내용
일상생활 프로그램		건강 및 위생관리, 운동, 산책, 일상생활 활동 등
		목욕, 사회적응 훈련
		가족교육 및 가족참여프로그램
인지기능 향상 프로그램	인지훈련	지남력, 집중력, 기억력, 문제해결력 향상
	신체활동	규칙, 적절한 신체활동을 통한 정서적 안정, 정신행동 증상 감소
	인지자극	활동능력, 흥미 고려 참여(창조적 활동)
	현실인식	현재 자신과 주변 환경에 대한 기본적 사실 인식
	음악활동	심신 건강회복, 수정, 개선, 사회성 증진 및 즐거운 기분유지
	감각활동	다양한 감각 경험
	회상활동	타인과의 상호작용을 통한 과거 기억, 상호 간 이해·공감

연하곤란 중재프로그램[16]

문제	목표	중재
음식을 보고도 인지하지 못하고 무반응을 보임	인지기능 유지	호명하고 식사시간을 알림(아침, 점심, 저녁식사 등) 잠이 덜 깬 대상자는 식사 5-10분전에 충분히 깨움 오감을 자극함(음식을 보고, 냄새를 맡도록 함) 음식 종류를 설명함
먹는 방법을 몰라서 음식을 주어도 입을 벌리지 않거나 계속 씹음		식습관을 존중하여 스스로 먹도록 함 식사 기술을 반복하여 교육함(수저 들기, 입 벌리기, 음식 씹기 및 삼키기 등)

[16] 노인요양원 노인의 연하곤란 사정도구, 중재프로그램 개발 및 평가, 한국산학기술학회논문지 제13권 제2호, 2012, 김치영·이영미·하은호

섬망 증상으로 인하여 산만, 섭식거부	적정 섭취량 유지	환경적 자극을 감소시켜 줌(TV, 라디오, 큰 소리 등) 친숙한 물리적 환경이나 보조자로 식사환경을 조성함 선호음식을 제공함 집중할 수 있는 최적의 시간에 음식을 제공함 손으로 쉽게 집어먹을 수 있는 음식을 수시로 제공함 필요 시 영양사 및 촉탁의와 상의함
스스로 앉지 못함	앉기 자세 유지	수직으로 앉도록 도와줌 등에 쿠션을 대어줌 열쇠에 맞는 의자를 제공함 키에 맞는 발판을 제공함(휠체어) 식사동안 수직 체위를 유지함
스스로 고개를 가누지 못함	흡인 방지	수분섭취 시 neck extension으로 인한 흡인방지를 위하여 Nose cup을 사용함 침대의 머리 부분을 수직으로 올려줌 삼킬 때 머리 부분을 약간 앞으로 숙이게 함 연하를 돕기 위하여 베개를 어깨 뒷부분에 둠

운동·인지 간호중재프로그램[17]

구분	종류	세부내용
운동 프로그램	접시준비 체조	1) 접시를 한손에 쥠 2) 양팔과 양쪽다리에 오른쪽 왼쪽 번갈아가며 스트레칭(5회) 3) 목, 어깨, 손목, 발목 순으로 5회씩 번갈아 돌리기 4) 1)—3) 까지 3회 반복
	세라밴드 체조	1) 밴드 끝을 양손으로 감아쥠 2) 팔을 위아래로 올렸다 내렸다 반복(4회) 3) 밴드 쥔 손을 머리위로 올려서 좌우로 반복(4번) 4) 팔의 관절부위 접었다 폈다 반복(4번) 5) 밴드를 발바닥에 끼우고 발을 들어 올렸다 내렸다 반복(4번)
	마무리 체조	1) 발목 돌리기 및 발가락 부위 마사지 2) 옆 친구와 등 마사지 3) 명상

[17] 노인요양원 치매노인의 운동·인지 간호중재프로그램 개발 및 효과, 대구한의대 대학원, 고남경, 2019.2.

인지 프로그램		가베 교구놀이, 윷놀이, 미각 자극하기, 음악공연 감상하기, 웃음치료, 회상요법
	개념기억 훈련	1) 오늘 진행한 학습에 대한 소감 발표 2) 내용 정리, 서로 안아주기 및 칭찬 나누기 3) 오늘 한 놀이의 결과 발표 및 칭찬 4) 서로 인사, 다음 시간 프로그램 소개 및 마무리 5) 학습내용 정리

심리운동 프로그램[18]

활동명	목표	세부내용
로봇놀이	촉각 정보 변별, 신체 조절	- 인사 및 자기소개 로봇의 특징 이야기하기 로봇 탐색 및 움직여보기 이완활동
힙! 햅!	청각 정보 변별, 움직임 조절	나무막대기 탐색, 세우기 좌우로 자리 이동해보기 힙!햅! 활동 이완활동
도둑과 낙타	타인의 움직임을 지각하고 민첩하게 반응	낙타의 특징 이야기하기 도둑과 낙타활동 이완활동
페달로 활동	신체균형 유지, 페달로 전진 및 후진	페달로 탐색 순서 정하기 및 다양한 방법으로 페달로 타보기 이완활동
롤브렛 활동	다양한 움직임과 신체협응 경험	롤브렛 탐색 및 다양한 방법으로 타보기 롤브렛 활동 및 이완활동
쥐와 고양이	신체 움직임에서 나는 소리 지각 및 반응	쥐와 고양이에 대한 이야기 나누기 및 활동 이완활동
리더 찾기	타인의 표정과 움직임의 속도 인식, 변별	지도자에 대한 이야기 나누기 지도자 찾기 활동 및 이완활동

---

18 노인요양원 거주 노인의 자아존중감 증진을 위한 심리운동 프로그램 개발 연구, 우석대학교 일반대학원, 심리운동학과 심리운동학전공, 정해주, 2019.2.

견고한 탑쌓기	탑 쌓기 방법 구상 및 의견조율(집단협력 경험)	탑에 대한 이야기 나누기 및 방법 상의 탑 감상 및 무너뜨리기, 이완활동
사람이세요?	시각 외 감각기관 사용, 타인 생김새 변별	활동 소개, 사람이세요? 활동 이완활동
스윙호스 활동	소근육 사용, 움직임 지각, 위로와 칭찬	스윙호스 탐색 및 소리내보기 등 이완활동
풍경 만들기	공동 관심사를 만들기, 관계 형성	풍경에 대한 경험 이야기 나누기, 만들기, 감상하기 이완활동
그림 맞추기, 롤링페이퍼	그림을 통해 자신의 가치 발견, 타인 전달	자신을 나타내는 그림 그리기 그림 맞추기 롤링페이퍼

전문가 구강관리 프로그램[19]

종류	세부내용
기계적 방법	치면세균막 제거
화학적 방법	클로르섹시딘을 활용한 구강점막, 혀 세척
구강기능 운동	구강 근육 마사지, 타액선 마사지

셋째는 코로나-19 팬데믹 사태인지라 요양원 내부를 자세히 살펴볼 수가 없다고 걱정을 했지만 누구도 어쩔 수 없는 상황이었다. 셋째는 추석이 지난 후 엄마를 요양원으로 옮기기로 했다고 전했다. "그곳이 언니가 바라던 간호요양원은 아니지만 보통 병원만큼 크고 좋은 시설이다, 할 수 있는 한 잘 챙기겠으니 이제는 너무 걱정하지 마요"라고 해서 정말 고마웠다.

---

[19] 장기요양원 재원노인을 위한 전문가 구강관리 프로그램 개발 및 평가, 남서울대학교 대학원 치위생학 전공, 이근유, 2016.12.

엄마가 오 남매 중 가장 편하게 대했던 셋째 사업체와 가까운 요양원으로 옮기기로 했다. 다행스럽게도 엄마는 요양원 입소 전에 고향 집에서 둘째, 그리고 넷째인 외아들과 하룻밤을 지냈다고 들었다. 끊임없이 되풀이하는 엄마 얘기에 질리기도 했을 것이나 그래도 자식으로서 매우 잘한 선택이었다고 생각했다. 엄마는 아버지가 떠나기 전 마지막까지 함께 거주했던 집에서 보내는 마지막 밤이었을 것이다. 지금도 요양원 입소 전 고향집에서 엄마와 함께 했던 두 동생에게 고마운 마음이다.

멀리 타국에서 많이 걱정을 했었는데, 엄마가 요양원 입소할 때엔 큰 문제 없이 자연스럽게 들어갔다고 전해 들었다. 엄마는 바로 직전 입원했던 재활병원과 같은 곳이라고 생각하지 않았을까 싶었다. 그리도 요양원이 싫다고 거부했던 엄마를 요양원에 보내는 자식으로서 한편 딱하고 마음이 편치 못한 것이 사실이지만 이만하면 감사하고 다행스러운 상황이었다고 자위하게 되었다.

맏이인 내가 스웨덴에 머물고 있는 동안에 엄마 셋째 자식이 애를 많이 썼다. 보호자가 수시로 챙겨야 할 것들이 많다. 무엇보다도 셋째는 의료인이 아니기에 엄마 케어에 대해 무엇인가를 결정할 때가 가장 어렵다고 했다.

그중에 가장 힘든 결정이 전일, 즉 하루 종일 기저귀 착용하는 문제라고 연락을 했다. 재활병원에서 밤에만 착용하던 기저귀였는데,

요양원에서는 온종일 착용해야 한다는 사실에 자존심이 상한 듯했다. 요양원 특성 상 환자 10여 명을 요양보호사 한 명이 돌보는 상황이니 어쩔 수 없다고 했다. 나는 페이스톡을 이용해 엄마에게 요양보호사 입장을 설명했으나 대답을 듣지 못했다. 셋째가 비대면 면회를 가서 설득을 해도 막무가내라고 했다.

요양원 사정이야 충분히 이해하고도 남음이 있으나, 어쩔 수 없이 보호자 입장이기에 요양원에서 휠체어를 이용해 조금만 더 도와주었으면 어떨까 하는 아쉬움이 있었다.

그 상태로 두면 문제가 될 듯해 요양보호사에게 부탁을 했다. 엄마가 맑은 정신이고 문제나 증상이 없을 때 전화 연결을 해 주길 바란다고. 며칠 후 요양보호사가 엄마와 전화 연결을 도와주었다. 요양원과 요양보호사 업무에 대해서 자세히 설명했고, 엄마도 이해한다고 했다.

그렇게 엄마는 그리도 자존심 상하고 싫었던 기저귀를 종일 착용하고 지내는 상태가 되었다. 요양보호사에게도 엄마 자존심이 상하지 않도록 잘 배려해 줄 것을 부탁했다. 이렇게 엄마는 앞으로 살아 있는 동안 기저귀를 착용하게 될 것을 알기에 마음이 편치 않았다.

그 이후 엄마는 잘 지내는 듯했다. 요양원 입소 후 소소한 일상적인 문제 이외엔 조용하게 또 한 달이 지나가고 있었다. 스톡홀롬에서 고운 단풍이 아름다운 10월이 지나고 있었다. 그러던 어느 날 엄마의 분노가 폭발했다고 했다. 엄마가 셋째에게 전화해서 요양보호사들이 당신을 아주 무시한다며 "네 집으로 데려다 달라"고 했다고 한다. 요양보호사에게 매우 험한 욕설을 하고 자주 소리도 지른다고 했다.

'무시한다는 기분이 들다니……. 왜일까?'

'엄마는 자존감이 강해서 자신이 무시 받는다는 생각을 잘 하지 않았는데…….'

'치매 망상일까?' 이러저러한 생각들로 걱정이 되었다.

스웨덴에서 스마트폰 영상으로 연결을 했다. 엄마는 기운이 없이 누워 있었다. "왜 그렇게 화가 나셨어요?"라고 물었더니, "밥 먹고 내 틀니를 씻는다고 가져가면 다음 식사시간에나 가져온다"고 했다. 다른 환자들에게도 그러냐고 물었더니 그렇지 않다고 했다. 엄마가 너무 성가시게 해서 요양보호사에게 미움을 받았을까? 보호자 마음은 늘 그렇다.

이러저러한 잡다한 생각을 하다가 셋째에게 전화를 했다. 요양원 식구들과 환자들이 먹을 만한 안전한 식품을 좀 나누고 부탁을 해보자고 했다. 코로나-19 팬데믹 사태로 인해 요양원 또한 면회가 어려운 상황이라고 했다. 걱정이 된 셋째가 요양원 담당 요양보호사와 통화를 해 간곡하게 부탁을 했다고 했다.

그러나 시간이 지나면서 엄마는 자식들에게 전화하는 횟수가 조금씩 줄어들고 있었다. 요양보호사도 엄마가 원하는 전화번호 눌러

주는 일에 지칠 것이니 백 번 이해하고도 남음이 있었다. 위 표[20]와 같이 많은 요양원과 종사자들 역시 코로나-19 바이러스 감염을 예방하기 위해 최선의 노력을 다하고 있음을 알기에 보호자 입장에서 작은 요청을 하는 것조차 조심스러웠다.

    엄마 인지 혼란, 분노 정서와 혐오 등 증상이 더 심하게 나타나지만 않길 바랐지만 그 또한 어쩌랴.

    그렇게 10월이 지났고 겨울 초입이었다. 엄마는 식사를 잘 못 하겠다고 했다. 밥맛도 없고, 무엇보다도 요양보호사가 식판을 너무 빨라 치워 버려 식사를 제대로 못 한다는 것이었다. 이러다가는 엄마는 문제 환자이고 우리는 문제 보호자가 될 듯했다. 간호사와 통화를 하고자 했으나, 요양원에 간호사는 한 명으로 주로 행정업무 처리를 한다고 했다. 또 어쩌겠는가? 요양보호사와 통화하면서 엄마 식사에 대해 간곡하게 부탁을 했다. 엄마가 밥 드시는 것이 힘든 것 같으니 밥을 죽으로 변경해서 식사를 할 수 있게 도와주길 부탁드린다고 했다. 노인 환자 보호자는 병원과 요양원 등에 부탁해야 할 것들이 참 많다. 그러나 환자가 호소할 때마다 전화를 해야 할지 말아야 할지에 대해서도 고민을 해야기에 늘 마음이 무겁다.

    엄마의 소소한 여러 가지 문제들을 해결하느라 맏이인 내가 스웨

---

20 국민건강보험공단, 정보공개, 통계정보, 2019 노인장기요양보험통계연보

덴에 거주하는 동안 셋째가 애를 많이 썼다. 착한 딸이다. 내게 남아 있는 시간 동안 고마운 마음일 것이다. 스톡홀름에서 돌아왔으나, 코로나-19 팬데믹 사태는 장기화되고 있었다. 14일 자가 격리를 하는 중에 매스컴을 통해 증가하는 확진자수를 보며 참담했다.

백신접종이 시작되었으니, 지역사회 집단면역이 형성되길 바랐으나 시기상조였을까.

귀국 후에는 엄마 면회 요청이 큰 문제였다. 영상통화를 할 때면 수차 "너 좀 다녀가라, 꼭 할 얘기가 있다"고 했다. 비대면 시국이라 요양원 방문을 할 수 없는 맏이의 죄책감을 자극하는 듯했다. 참으로 안타깝고 속상했다.

엄마는 맏이가 자주 아프리카 등 외국으로 다닌다고 조심성 부족이라며 아주 싫어했었다. 이는 맏이 건강 문제에 대한 염려이기도 했지만, 그보다는 사위 걱정이 한가득이었다. 오래전부터 "사위 밥도 해주지 않고 외국으로 쏘다니기만 하는 못된 것"이라고 했다. 딸이 사위한테 이혼당할지도 모른다는 과도한 염려까지 했었다. 실은 밥은 내 남편이 더 잘하는데 엄마는 잘 모른다.

입원 전부터 전화를 할 때마다 "너, 이 서방 밥해 먹였니?" 가 가장 먼저 하는 말이었다.

우리 엄마의 기억은 지금 어디쯤 있는지.

그 밥. 밥……. 엄마는 우리 부부가 매일 집에서 같이 밥 먹을 시간이 있다고 생각하는 것이다. 엄마가 자랐고 결혼생활을 했을 당시 여성은 대부분 전업주부였다. 주로 자식과 남편 밥을 해 주는 사람이 주부였던 것이다. 삼시 세 끼 따뜻한 밥을 해서 가족에게 먹이는 주부가 현모양처였으리라.

코로나-19 사태로 인해 보호자는 요양원 방문이 불가하고, 환자는 주말 외출조차 어려운 안타까운 현실이었다. 무엇보다 아쉬운 점은 외부 관계자 출입이 차단되므로 코로나 이전 요양원에서 진행했던 실내외 운동을 포함한 다양한 치매환자 지지 프로그램을 진행하기 어렵다는 것이었다. 가족들과 스킨쉽이 불가한 슬프고도 어려운 상황이다. 전체 요양기관과 요양원 방문 통제 상황이라 장기 입원 노인환자를 생각할 때 매우 안타깝다. 가능하다면 빠른 시일 내 우리나라 전 국민 아니 전 세계 국민 대상 백신 접종이 이루어지고 지역사회 면역이 형성되길 바라는 마음 간절하다.

요양원에 있는 두 어머니와 외출을 해 맛있는 식사도 하고 같이 예쁜 옷도 사고 싶다.

하루라도 빨리 코로나-19 바이러스, 이 요물·괴물 같은 한 두려운 존재가 더 이상 인류를 위협하지 않는 그날이 오길 소망한다. 그리하여 요양원에 있는 두 어머니를 한 주에 한 번이라도 방문할 수 있길 기대한다. 그때가 오면 두 어머니 얘기를 아주 많이 들어줄 수 있길 바란다.

평소 하루 한 번은 엄마 전화를 받았는데도, 맑은 정신일 때 셋째에게 전화해서 "네 언니가 전화를 받지 않는다, 대체 무슨 일이 일어났냐? 어디 아프냐?"고 심히 걱정을 했다고 들었다.

이후 엄마의 걱정은 망상으로 변하고 있었다. "큰 딸이 오지 않는 것을 보니 어디 아파서 입원을 했나 보다. 암이라도 걸린 것 아니냐?"라는 것이었다.

평소에도 엄마는 부모 모두 암으로 수술치료 항암치료를 받은 가족력이 있으니, 자식들에게도 암이 발생할 것이라고 과도한 걱정을 하곤 했다.

결국 싸락눈이 듬성듬성 내리며 매섭게 추운 2월 어느 날 요양원 방문을 시도했다. 굳게 잠긴 요양원 현관 밖에 서서 덜덜 떨면서 현관 안 2m 이상 떨어진 곳에 휠체어에 앉아 있는 엄마를 면회했다. 조그마한 백발노인이 휠체어에서 문밖을 쳐다보고 있었다. 발음이 정확치 않은 엄마 얘기는 단 한마디도 알아들을 수가 없었다. 큰 소리로 엄마에게 얘기하는 것을 보다 못한 요양원 직원이 중간에서 통역을 해주었다. 고마웠다.

요양보호사들이 "엄마는 맏딸이 와서 좋으신가 보다"라고 하면서 "정신이 맑을 때면 아들과 딸들 자랑을 자주 하는데 너무 바빠서 잘 들어드릴 수가 없다"고 했다. 요양보호사들에게 "괜찮다, 고맙고 미안하다"고 답하며 10분 정도 짧은 거리두기 면회를 끝냈다.

엄마는 자식에 대한 집착과 자부심이 남다르다. 때론 그런 얘기로 민폐를 끼치는 듯해 민망할 때가 많았다.

그렇게 현관 문 밖 거리두기 면회를 다녀온 바로 다음 날부터 "너 언제 오냐"고 묻는 엄마 전화를 받기 시작했다. 엄마는 맏이가 면회를 다녀갔다는 사실을 기억하지 못하는 듯했다. 요양보호사가 수시로 전화 연결해 주느라 힘들었을 것이다. 그러나 코로나-19 바이러스 사태로 면회가 차단된 상태이니 어쩌랴.

그후 한 달여가 지나고 요양원에서는 투명 칸막이를 설치해 안전한 비대면 면회실을 만들었다고 했다.

요양원 면회실에서 만난 엄마의 팔과 다리는 앙상한 뼈만 남아 있었다. 힘없이 간신히 뜬 눈은 초점을 잃은 듯했다. 말을 제대로 못하고 입술만 조금씩 움직일 뿐이었다. 건강상태가 매우 심각함이 분명했다.

요양원에 하나 뿐이라는 간호사 면담을 신청했고, 환자 상태에 대해 질문했다.

"어머니가 요즘 죽도 거의 못 드신다. 한동안 우울한 상태로 말씀도 거의 없었다. 자식들이 당신을 여기에 버렸다고 생각하시는 듯했다"고 답했다.

참 답답했다. 그러나 보호자 입장이라 진료는 받았는지, 수액 공급은 해보았느냐고 물었다. 간호사는 "어제까지도 이 정도 상태는 아니었는데, 오늘 부쩍 심해진 듯하다"고 답했다.

간호요양원이 아니기에 요양원에 근무하는 간호사는 한 명이고 주로 행정을 담당한다고 하더라도 하루 한 번 씩 환자 라운딩은 하고 있는지 묻고 싶었다. 그러나 그 질문조차 입안에서 맴돌았고, 그저 생각만 있을 뿐이었다. 결국 한마디 질문도 문제 제기도 할 수 없었.

간호사가 아니라 엄마를 부탁한 보호자 입장이니 그러했다. 기운이 없어 표현조차 제대로 못 하는 상태인 엄마를 사이에 두고 간호사와 몇 마디 더하고 면회를 끝냈다. 아……. 피골이 상접한 엄마를 어찌해야 한단 말인가? 가슴이 무너지며 저려 왔다. 이리 엄마를 방치했다는 죄책감마저 들었다. "아버지 죄송합니다."라고 중얼거렸다.

국가 정부에서는 노인장기요양보험에서 규정하고 있는 '요양원'에 대해 세부적인 점검을 통해 법 개정이 필요한 시점이 되었다.

2008년 노인장기요양법 도입 이후 시설 수는 대폭 증가하며 현재에 이르고 있다. 양적 확대에 비해 질적 수준이 미비한 부문이 있다면 새로운 평가방식을 도입하고 점검해야 할 시점이다.

무엇보다도, 현재 요양원이 구비한 장비, 서비스 제공인력 현황과 케어 수준이 천차만별이라는 사실이 문제다. 국가에서 요양원 '표준 케어'에 대해 규정할 필요성이 있다.

노인장기요양보험에서 운영하고 있는 '현지 실사' 시스템에 더해 '요양원 인증제도' 도입이 필요하겠다. 현재 요양원 인력 수준에 따른 가·감산제를 적용하고 있다. 이 규정만으로는 서비스 질이 우수한 일부 요양원을 제외하고 다수 시설의 서비스 질 담보가 어려울 것이다.

더 급선무는 요양보호사 자격 교육의 효용성과 실효성 제고를 위한 교육시스템 도입이다. 이를 위해 요양보호사 교육센터 인증제 역시 필요하겠다. 또한, 요양원장 및 재가서비스 시설장의 자격기준을 재규정해야 할 것이다. 이 자격 규정과 더불어 이들을 위한 교육과정 및 보수교육과정 개설이 필요하겠다. 원장과 시설장은 운영자·경영자만이 아닌 직원을 교육하는 교육자로서 역할을 해야겠다.

요양보호사 교육자 교육과정에는 환자 인권 과목이 필수적이다. 모든 요양원과 요양원에는 환자 인권에 대해 규정한 포스터가 부착되어 있다. 또한 입소하는 환자 보호자가 읽어볼 수 있도록 인쇄물로 제시한다. 그것이 단지 전시물이 되지 않아야 한다는 생각이다.

정리를 하면, 먼저 교육을 통해 요양보호사가 만나는 환자를 어떻게 도울 것인지에 대해 고민을 할 수 있길 바란다. 돌봄을 제공하는 인력은 사람에 대한 예의를 갖추는 것이 필요하다. 이와 같이 중요한 인권에 대한 교육은 단지 몇 시간 이수하는 교육이 아니라 지속적인 교육이 필요할 것이다.

다음으로, 요양원장 대상 교육에서는 사람에 대한 예의에 대해 어떻게 교육할 것인가?에 대해 고민할 수 있도록 해야겠다. 즉, 인문학 교육이 필요하겠다.

돌봄 철학은 무엇인가?

"내가 소중하듯 타인도 소중하다.

내 삶이 중요하듯 타인의 삶도 그렇다.

내 삶이 의미가 있듯 타인의 삶도 그러하다.

우리는 모두 마지막 순간까지 존중받아 마땅한 사람이다.

그렇다면 돌봄에서 철학적 사고가 가능하도록 인력을 어떻게 교육·양성할 것인가?

돌봄을 제공하는 인력은 경청·공감 능력을 갖도록 교육해서 환자를 배려하고 지지할 수 있는 사람이 될 수 있길 바란다. 그러나 이런 능력을 갖추기는 쉽지 않다. 아니 어렵다. 그러나 교육해야 한다.

그렇다면 누가 해야 하는가? 누가 할 것인가?

국가 정부에서 주관하는 실효성 있는 교육시스템 마련이 필요할 것이다. 1주에 1시간, 또는 2시간 교육이 가능하길 바란다?

현재 문제이고 점차 더 심화될 문제는 일부 요양원을 제외한 대부분 요양원은 요양보호사 수급이 어려운 상태라는 점이다. 대안으로 조선족, 탈북자, 결혼 이주민 여성, 여타 취업을 원하는 외국인을 대상으로 한글교육을 통해 시험을 진행할 필요성이 있겠다. 한글시험에 통과한 이들이 요양보호사 교육센터에서 교육을 이수하고 요양보호사 자격을 취득해 업무를 수행할 수 있다면 인력 수급이 다소 원활하지 않을까 생각해 본다. 물론 이들이 업무에 익숙해지도록 돕는 기간에는 요양보호사 1급은 우리 국민으로, 2급은 조선족, 탈북자, 결혼 이주민 여성과 여타 외국인으로 구분하는 방식이 필요할 수 있겠다. 이 방법이 현재 요양원의 노노케어 문제를 해결할 수 있는 대안으로서 작동할 수 있을 것이라는 생각이다.

엄마는 병원 검사가 필요했다.

셋째 집 주변 요양원에서 파악한 엄마 상태를 고려해 이전 재활병원 입원 당시와 마찬가지로 우리 집 근처로 옮기기로 결정했다. 그 방법이 최선인 듯했다. 때마침 새로운 일을 더한 셋째 상황도 고려해야 했다.

무엇보다도 뼈만 앙상한 상태가 된 원인을 찾아보아야 했다.

이전 엄마를 담당해 치료해 주었던 재활병원 신경과장을 면담해 상의했다. 그는 내과와 협진으로 검사를 진행해 볼 수 있겠다고 했다.

우리는 엄마가 재활병원으로 돌아와 이틀간 검사 후 입소할 새로운 요양원을 찾아야 했다.

다행스럽게도 선배가 운영하는 간호요양원에 병실이 있다고 했다. 감사했다. 간호요양원 돌봄의 질은 더할 수 없이 우수하다. 우리 동문회에서 이구동성 칭찬하고 자랑하는 좋은 시설이다.

선배의 요양원엔 이미 치매질환을 가진 시어머니가 입소해 있는 상태였다. 시어머니는 "누군가 내 물건을 훔쳐갔다"며 찾는 치매 망상이 조금 더 심해졌다가, 조금 좋아졌다가 하는 상태를 반복하고 있었다. 매일 아침이면 "집에 가야겠다"고 가진 짐을 모두 모아 침대 위에 쌓아두는 증상은 변함이 없었다. 그럼에도 시어머니는 식사도 잘 하고, 평소 취미였던 춤을 추는 등 실내 운동을 열심히 하고 있다. 엄마에 비해 치매 증상은 조금 더 심하나, 신체 나이가 비교적 젊은 편이라 입소 후 살이 올라 보기 좋은 상태였다. 시어머니 치매 증상에는 잘 웃고 춤을 추는 귀여운 증상도 있어서 참 다행이다.

결국 우리 두 어머니가 같은 요양원에 입소하게 되었다. 요양원장인 선배에게 고맙고, 또 감사하다. 살아 있는 동안 잊지 못할 것이다.

그러그러한 경로로 엄마는 다시 맏이 근처로 돌아오게 되었다. 몸무게 30kg으로 돌아온 엄마는 코로나-19 검사를 포함한 기본적인 검사를 받았다. 검사결과 영양실조와 요로결석이었다. 영양실조라는 그 어감만으로도 참 속이 상했다.

요양원에서 사람이 이렇게까지 되다니 코로나-19 팬데믹 사태로 외부 출입이 제한된 상태에 기인한 현상이라고 이해하기엔 많이 심각한 현상이었다. 재활병원에서는 검사를 진행한 이후 수액 등 필요한 처치를 받기로 결정했다. 또다시 병원 간병인 문제로 고심해야 했다. 갑자기 입원을 하게 돼 급하게 간병인을 구할 수 없었기에 한 걱정을 했다. 어쩔까 고민 중에 군 제대 후 집에서 쉬고 있는 엄마 친손자 수가 떠올랐다. 수에게 2박 3일 동안 할머니 간병을 부탁했다. 고모가 용돈을 듬뿍 챙겨주겠다는 약속도 잊지 않았다.

수는 코로나-19 검사 결과 확인 후 즉시 병실로 들어가 엽렵하고 씩씩하게 할머니를 잘 돌보았다. 고맙고 기특했다.

다시 한번 간병인 제도화 및 공적 시스템 구축에 대해 고민하게 되었다.

현재 요양병원에서 간병인을 이용하는 방식인 4인실 4만원, 5~8인실 3만 원에 대해 심도 있게 검토해 보아야겠다. 간병비 건강보험 급여를 위한 정책 연구와 사회적 논의가 필요한 시점이다.

법 제정 또는 개정을 통해 요양병원에서 간병을 제공하는 인력을 대상으로 병원장, 간호부장 또는 교육팀장이 관리할 수 있는 시스템 구축이 필요하겠다. 즉, 병원에서는 간병인력 관리와 상시 교육을 위한 교육자를 지정해야 하겠다. 이 간병인력 교육자 대상 교육과정은 정부기관에서 개발하고 교육을 진행해야 할 것이다.

다시 돌아와 맏이 주변 요양원에서

엄마는 입원 검사 후 선배가 운영하는 요양원으로 옮기기로 하였다. 극도로 쇠약한 상태로 의사 표현도 제대로 못했다. 몸 어디에도 정상적인 근육이 없이 뼈만 앙상하게 남아 기운 없이 축 처진 상태였다.

재활병원에 이틀 동안 입원해 검사를 진행하고 퇴원하면서 선배가 운영하는 간호요양원에 입소하기 위해 출발할 시간이었다. 짧은 시간이지만 멋있는 옷차림으로 갈 수 있도록 돕고 싶었다. 엄마는 기억조차 할 수 없을 것이나 자식으로서 해주고 싶었다. 옷장에 있는 옷가지 중에서 엄마가 평소에 좋아했을 예쁘고 고급스러운 블라우스, 트렌치코트, 스카프와 모자를 찾았다. 엄마가 어쩌면 이러한 옷차림을 할 수 있는 마지막 기회가 될 수 있겠다는 생각에 그리하고 싶었는지도 모르겠다.

요양원장인 선배는 엄마를 만나자 '멋있는 할머니'라고 환하게 웃으며 칭찬으로 맞았다. 이런 상황에서 기쁘게 반응했을 평소 엄마 모습은 더 이상 볼 수 없었다. 그저 통증으로 지치고 피곤해 무감각·무감동한 표정일 뿐이었다.

선배는 엄마 상태를 자세히 살펴보고, 우선 요양원 내 중환자실에서 케어를 하겠다고 했다. 노령이면 종종 예측하지 못한 여러 증상이 나타난다고 위로했고, 너무 많이 걱정하지 말라는 말도 덧붙였다. 엄마를 두고 외국으로 떠났었다는 죄책감에 괴로웠는데 큰 위로가 되었다. 선배는 보호자 돌봄과 지지도 케어에서 중요한 부문임을 잘 아는 것이다.

언제 만나도 부담이 없는 관계가 선·후배 사이가 아닐까. 우리나라에서 팽배한 사회문화 현상, 과도하게 혈연, 학연, 지연으로 얽혀서 만들어 내는 심각한 폐해만 없다면 참 좋은 사이다. 같은 전공을 했고, 무엇보다 같은 방향을 향해 자신의 길을 묵묵히 가다 어느 지점에서 반갑게 만나는 이가 선후배가 아닐까.

그렇게 엄마는 셋째 근처에서 두 계절을 지내고 많이 가까이 돌아왔다. 2020년 추석 즈음 떠났다가 다음 해 구정 이후 돌아온 것이다. 엄마는 결혼 63년 만에 처음으로 맏며느리로서 명절 제사를 올리지 못한 것이었다. 명절과 기제사 때면 동서들에게 위풍당당하고 카리스마 넘치던 종갓집 맏며느리 역할을 놓아버린 시간이었다. 아마도 더 이상 추석과 설 명절의 의미조차 기억하지 못할 것이다.

　엄마는 요양원 병실로 들어가면서도 아무런 반응이 없었다. 평소 그리 사랑하고 걱정했던 아들과 이야기 한마디도 못 했고 손도 제대로 잡지 못했다. 이렇게 삶의 마지막을 향해 스러져가는 모습을 보는 듯해 가슴이 저리고 애잔했고 씁쓸했다. 그저 온몸 통증이 심한지 "아프다, 아프다" 힘이 없는 신음소리만을 반복할 뿐이었다.

　선배이자 요양원장에게 병원진단서, 코로나-19 검사 결과를 제출했다. 그간 파킨슨병과 치매 증상 경과 그리고 가족력, 기저질환 등에 대해 자세히 설명했다. 그리고 남동생과 제반 서류에 사인했다.

　요양원에 입소한 환자는 실내에서 사복을 입을 수 있다고 했다. 집에 돌아와 예쁜 옷, 모자, 스카프, 양말 등등 여행가방 하나 가득 챙겼다. 엄마는 피골이 상접했으니 병실 침대 위 욕창방지용 매트리스가 필요했다. 혼자서 화장실 출입 뿐만 아니라 일상생활조차 불가하니 개인 휠체어도 필요했다. 매트리스와 휠체어는 인터넷 쇼핑으로 주문 배달을 시켰고, 옷가지를 넣은 대형 가방은 퀵서비스로 보냈다.

　코로나-19 팬데믹 사태 이후 퀵서비스와 택배 서비스가 생활에서 많은 부문을 해결해 주는 시대가 되었다. 코로나-19 팬데믹 사태 이후 절대 그 이전으로 돌아가기 힘들 것으로 예측되는 것 중 큰 부문이 인터넷 쇼핑과 배달서비스 이용일 것이다. 작은 것 하나조차도 빠르게 배송·배달이 가능하니 편리하고 감사하기까지 하다.

이러한 상황이니 퀵서비스와 택배 기사는 당연히 더 필요했고 이 부문 고용이 늘어났음이 사실이다. 그런데 이들은 배달을 하고 건별 수수료를 받는 방식이므로 고단하고 위험한 노동 현실이다. 다시 말해, 기사들은 건당 수수료를 지불받는 방식이라 배달이 가능한 시간 내에 빠르게 많은 건을 배달해야 한다는 것이다. 배달 또는 배송을 열심히 할수록 사고 위험이 높아지는 것은 자명한 사실이다. 그런데 이들 중 상당수가 1인 사업자 또는 대졸 아르바이트생이다. 이런 상황이다 보니 이들은 4대 보험 가입이 불가해 산재보험 또는 고용보험 혜택조차 기대할 수 없다. 안타깝다.

향후 자율운행 자동차, 자율운행 오토바이가 도움을 줄 수 있을까?

이제 곧 AI 배송 로봇 개발이 가능한 시점이 올 수도 있겠다. 그러나 그때가 되면 배달서비스 종사자의 고된 노동이 줄 수는 있겠으나 수입이 줄어들 것이니 이 또한 걱정이다.

사람으로 한 세상 살아가다 보면 본인 의지와 무관하게 누군가의 희생이 전제되는 상황이 많음을 새록새록 실감한다. 나이가 든다는 것이 이런 것일지 모르겠다. 이리 험하고 복잡한 세상에 결코 혼자서는 살 수 없다는 사실을 알게 되면서 늙어가는 것이 아닐까 한다.

엄마는 몸무게 30kg인 상태로 금방이라도 쓰러져 멀리 떠날 듯했다. 요양원장인 선배에게 필요한 것을 알아보고 유산균, 단백질제 등을 배달시키곤 했다. 그리고 매주 토요일 요양원 제1관 현관 외부에서 현관 내부에 휠체어에 힘없이 앉아 있는 엄마를 면회했다.

엄마 면회가 끝나게 되면 제2관에 입소한 시어머니 면회도 했다. 시어머니는 면회 때마다 레퍼토리가 있다. 그저 했던 말을 하고 또 하고, 울다가 웃기도 하고, 아들 자랑이 늘어지고, 마지막엔 "넌 무슨 복이 그리 많아서 내 아들을 만났냐?"는 것이다. 이것이 시어머니 치매 증상이다. 이런 치매노인 얘기에 그저 웃을 수밖에 없다.

'에구. 그 아들… 아들… 참 당신 필요한 것들 모두 챙기는 이가 며느리이건만……. 자주 면회조차 오지 않는 아들에 대한 무한 사랑이라니.'

엄마는 요양원 입소 이후 1달여 지나면서 식사를 못 하는 상태가 자주 발생했다. 요양원 촉탁의사의 처방과 가정방문간호사 처치로 수액 공급을 하곤 했다. 그런 상황이 발생하면서 자주 폐부종이 나타나기 시작했다. 그때마다 대학병원이나 종합병원에 입원 검사를 하고 체내 전해질 수치를 조절해야 했다. 또한 부족한 단백질은 수액제로 공급하곤 했다. 1주일 입원치료 후 요양원으로 돌아가길 반복했다.

엄마에게 나타나는 간헐적인 폐부종, 전해질 언밸런스, 그리고 단백질 저하 등 증상으로 볼 때 문제가 있을 것 같았다. 다시 돌아와 세

번째 입원한 종합병원에서 암표지자 검사를 포함한 제반 검사를 진행했다. 입원과 함께 여지없이 간병인이 필요했고 매일 10만 원을 지불해야 했다. 늘 그러하듯이 진료비에 비해 두세 배 이상 발생하는 간병인 비용이었다. 간병비는 건강보험 급여는 물론 비급여 부문에서조차 사각지대에 존재하고 있어 의료비 공제는 물론 건강보험 소득상한제와도 무관한 항목이다. 어려운 국민을 위해 해결이 급선무다.

엄마는 50대 후반이었던 30년 전 자궁절제술을 했다. 그런데 여든여섯에 진행한 검사 결과 난소에 악성 종양이 진행되고 있었다. 여성에게 생식기 계통 질환은 태어나는 순간부터 숙명인 듯하다. 여성들은 남성에 비해 신체구조 중 생식기 부분이 특히 복잡해서 유방암, 난소암, 자궁암 발생률이 높다.

생식기로 인해 소중하고 귀한 생명을 잉태하고 낳아 기를 수 있는 축복을 받았음에도 그렇다는 사실이 아프다. 구약성서 창세기편 아담과 하와(이브) 이야기를 생각해 보는 시간이다.

생명 잉태가 가능한 생식 구조가 죄의 결과로 생겼단 말일까? 그렇다면 이 죄에 기인한 결과는 불행이었을까? 축복이었을까?

설령 하와(이브)가 저지른 죄의 결과라 하더라도 내겐 큰 축복이었음이 틀림없다. '한 아이를 잉태하고, 낳고 기르면서 좋은 엄마가 되기 위해 읽고 공부했다. 부족한 이가 이 세상에 참 어른으로 살고자 노력했다는 그 사실 하나만으로도 감사한다. 하와의 그 죄가 있다면 기쁘게 받을 수 있다고 생각했다.' 덕분에 이론가에 불과하지만 사람을 이해하고 지지하는 인간중심 미술치료, 의미치료, MBTI성격유형에 대해 공부했고 폭력 및 자살 안전 전문가가 될 수 있었다.

엄마에게 발생한 난소 종양과 수많은 요로결석을 어찌해야 할지 이러저러 잡다하고 복잡한 생각을 하고 또 해 보아도 현명한 답은 없었다. 엄마는 극도로 쇠약한 상태였다. 난소 부위에 발생한 종양 제거 수술을 결정할 수도 없었고, 점점 늘어나는 요로결석과 자주 발생하는 폐부종에 작은 시술조차 결정할 수 없었다.

엄마 난소 종양 발견 이후 1달여 고민을 했다. 그 와중에 오 남매 단톡방에 의견을 듣고자 질문을 했으나 누구에게서도 답을 듣지 못했다. 그저 내 질문과 같은 질문을 받았을 뿐이었다. 엄마가 온전한 인지상태라면 묻고 싶었다. "엄마, 지금 암이 발생했는데 우리가 어떻게 하면 좋겠냐?"고.
늘 그러하듯 이런 결정은 맏이 몫이다. K-맏딸 운명이다.

이런 마음을 아는지 요양원장인 선배가 먼저 운을 떼었다. 이제 엄마 치료방향을 결정해야 하는 것 아니냐고 했다. 선배 연락을 받은 이후 1주일 고민을 했다.

아픈 트라우마가 있기에 그러했다. 25년 전 아버지 위암 판정, 수술, 항암치료와 완치판정 이후 10년 만에 암이 골로 전이Bone Metastasis 되었음을 알게 되었다. 아버지는 군 제대 후 지역사회 재건에 집중하던 중 자식 교육을 위해 공직으로 돌아갔다. 예순에 정년퇴직을 하고도 10년을 더 복무했다. 늘 겸손하고 따뜻한 성품과 성실한 태도로 많은 이들의 존경을 받으며 오랜 기간 공직에 몸담을 수 있었다.

아버지는 막내의 의과대학 졸업식에서 마지막 용돈을 주는 것으로 공직을 마무리했는데, 몇 년 지나지 않아 전이성 암이 찾아왔다. 우리 모두 당황했고 당혹스러웠다.

당시 맏이인 나는 호스피스 완화의료 제도 도입, 그리고 존엄사 법제도화에 지대한 관심을 갖고 연구와 논의를 시작하던 시점이었다. 외과의사 막내 부부, 임상전문가 둘째, 그리고 간호사 출신 정책 연구자인 내 의견이 첨예하게 대립했다. 당시 많은 논문(Systematic Review)을 통해 확인한 바는 전이성 암환자에게 호스피스 돌봄에 비해 항암치료를 포함한 제반 치료로 호스피스hospice에 비해 연장 가능한 수명이 1~2개월, 즉 40여 일이었다. 맏이이자 정신간호사 출신인 내 선택지는 아버지 고향집에서 엄마와 여생을 보내게 하는 것이었고 막내 부부는 방사선치료, 임상전문가인 둘째는 중립이었다. 내 주장을 받아들인 아버지는 집에서 요양을 결정했고, 막내부부, 엄마와 친지들의 지탄은 모두 내 몫이었다. 맏이인 나와 셋째는 매주 아버지를 방문해 상황을 살피고 때에 맞추어 필요한 것들을 제공했고, 막내는 마약성 진통제를 처방하는 역할을 했다.

그렇게 아버지는 엄마의 지극한 간호를 받으며 편안하게 1년을 더 고향집에 머물렀다. 그 후 경구용 마약성 진통제가 더 이상 효과가 없다고 느낀 시점에 대학병원에 입원해 통증 완화를 위한 방사선치료를 받는 도중 낙상을 했다. 병실에서 낙상으로 전신 골절이 되었고, 골절부위 중 가능한 부위에 수술과 처치 이후 2개월이 못 돼 합병증으로 우리 곁을 떠났다.

이 과정에서 누가 옳고 틀렸다고 할 문제는 아니었고, 당연히 정답도 없었다. 막내와 엄마는 원했던 대학병원 입원치료에 문제를 제기할 만이 걱정을 했을 수 있겠으나, 나는 그 결정에 어떤 언급도 하지 않았다.

다만, 연명의료 중단을 포함한 죽음에 대한 인식과 철학이 다른 것이었을 뿐이라는 생각이었다.

그렇게 아버지가 떠난 이후 10여 년 간 호스피스 완화의료 제도화를 위해 심혈을 기울였다. 2015년 논의를 거쳐 법제도화는 되었으나 국민의 인식 전환이 쉽지 않아 잘 정착되지는 못했다. 당시 법 제정 후 대국민 교육이 필요하다는 판단 하에 2년간 「아름답고 존엄한 나의 삶(아존삶)」 교육과정을 개발해 강사 양성을 통해 교육을 진행했다. 그러나 우리나라 국민의 죽음에 대한 인식은 외국의 그것과 많이 달라 현재까지 교육이 적극적으로 이루어지지 못하고 있어 안타깝다.

앞으로 시간이 허락한다면 호스피스 완화의료 활성화를 위한 교육에 더 많은 노력을 하고자 한다. 그리고 이제 더 늦기 전에 존엄사법에 대해 논의하고 싶다. 개인적으로 20여 년 만성통증과 더불어 살다 보니 사람으로서 존엄하게 죽을 권리는 행복권과 동시에 인정되어야 한다는 생각을 하게 되었다. 이에 대해 더 많은 얘기를 하고 싶으나 이 책은 엄마 치매 얘기를 하는 장이기에 멈춘다.

엄마가 입소한 요양원장인 선배로부터 엄마 대상 적극적 치료 중단에 대해 질문을 받은 1주일 후 서약서에 서명을 했다. 늘 그러했듯 보건의료전문가이며 친구인 이들과 수차례 논의했다. 이 결정 전 1주일 동안 몸과 마음이 지독하게 아팠다. 여러 가지 스트레스가 겹친 탓인지 경추추간판탈출증과 이석증도 재발했다.

'적극적 치료 중단' 서약서에 서명하기 전 요양원 현관 밖에서 휠체어를 타고 현관 안에 있는 엄마를 면회했다. 엄마는 자식들이 보고 싶다고 했다. 이어서 "검사"인지 "감사"인지 정확치 않은 말을 한 듯했다. "엄마, 검사요? 감사요?" 질문을 했다. 현관 안에 있던 선배가 통역을 해주었다. 자식들에게 "감사하며 살라"고 한다고 했다. 이어서 내게 "참 예쁘다"고 했다. 예순이 되어 가는 딸도 예쁘게 보는 이가 엄마이다. 늘 모성은 참 너그럽고 곱고 선하고 대단하고 강하다.

2022년 구정이 다가오면서 엄마 상태가 급격히 악화되었다. 이제와 돌아보니 재활병원에서도 요양원에서도 우리 민족 대명절인 추석과 구정이면 증상이 더 악화되는 듯했었다. 명절임에도 집에 갈 수 없고, 자식들에게 버림받았다는 생각이 남아 있는 것일지도 모르겠다. 안타깝다. 코로나-19 팬더믹 사태가 누구 한 사람의 잘못이라고 할 수도 없는 재난사태, 장기입원 환자들에게는 엄청난 폭력이다. 비대면 시국이니 가족과 대면이 절대 불가하니 그 외로움과 상처를 어떻게 한다는 말인가. 요양원 안에서 얼마나 불행할 것인가.

엄마는 더 이상 그리도 사랑하는 아들조차 알아볼 수 없는 상태이다. 요로결석이 늘고 있으니 자주 염증이 발생하고, 난소 악성종양이 진행되고 있으니 점차 면역력이 떨어져 대상포진이 발생했다.

전반적인 기능이 상당히 저하되었다.

요양원 촉탁의사의 처방과 가정방문간호사 처치를 받고 있다.

요양원장 선배에게 너무 큰 짐을 지운 듯하다.

엄마는 며칠 사이 식사는커녕 물도 넘기지 못하는 상태가 되었다.

결국 코로 튜브(L-tube)를 삽입해 물과 유동식을 공급하고 있다.

튜브 삽입 후 엄마가 얼마나 불편할지 또 얼마나 괴로울지 잘 안다. 그럼에도 나는 튜브를 빼자고 할 수 없다.

호스피스 완화의료법 제정을 그리도 외치고 원했던 이가 엄마에게는 사전연명의료의향서에 대해 잘 설명하고 설득할 수 없었다. 안타깝고 죄스럽다. 엄마가 아름답고 존엄하게 삶의 마지막을 정리할 수 있도록 도울 수 없었기에.

이제 아버지 맏이는 엄마를 멀리 떠나보낼 준비를 한다.
응급상황에 대비해야 한다.
이제 엄마는 언제 어떻게 상태가 악화될지 아무도 모르기에.
고민이 점점 깊어 지고 있다.

요양원장이 간호사임에도 자체적으로 처치가 불가능하므로 가정방문간호사가 필요하다. 선배는 임상현장에서 40년 근무를 했고 모든 응급 상황에서 대처가 가능하다. 그럼에도 주말에 발생하는 환자의 문제에 촉탁의 처방과 가정방문간호사 처치가 어렵기에 시간이 지체되는 경우가 발생할 수밖에 없다고 한다. 결국 보호자와 상의해 대학병원 또는 종합병원 응급실 방문을 할 수 밖에 없는 상황이 초래되는 것이다.

법 제도에서 간호요양원을 정의하고, 지역사회 보건진료원 업무에 해당하는 정도의 투약과 처치는 인정해야 할 시점이 아닐까 한다. 이를 위해서 필요한 시점이다. 이를 위해서는 간호요양원과 여타 요양원을 구분할 필요성이 있겠다.

엄마에게 찾아온 반갑지 않은 치매질환을 겪으면서 많은 고민을 했다. 우선 장기환자가 주로 이용하는 요양병원에서 돌봄서비스를 제공하는 간병인력 운영을 위한 법 제도화 방안 마련, 두 번째, 노인장기요양법 개정을 통해 요양보호사 교육기관과 요양시설 인증제 도입

방안 마련을 위한 구체적 세부적인 논의와 연구를 통해 실효성 있는 법 제도 개정이 필요하겠다. 마지막으로 호스피스 완화 의료법 재정비와 존엄사법에 대한 논의이다.

시간이 허락한다면 이 세가지 부분 연구와 제도 구축을 위해 남아 있는 역량을 모아 최선을 다하고자 한다.

제20대 대통령 선거일이 다가오고 있다.

우리가 맞게 될 새로운 정부에서는 복지국가 완성이 가능하길 기대한다. 북유럽 스웨덴 복지국가 모델보다 더 우수한 대한민국 복지국가 모델, 즉 K-보건복지국가 모델을 자랑스럽게 선보일 수 있는 날을 기다린다.

부록 1

치매

1. 치매란 무엇인가?

치매는 통상 사람의 정신·지적능력과 사회활동을 할 수 있는 능력이 소실되는 것이다. 이는 사람의 일상생활에 장애가 나타날 정도로 심한 상태이다. 다시 말하면, 정상적으로 생활하던 사람이 다양한 요인에 의해 기억력을 비롯한 여러 인지기능의 장애가 나타나, 스스로 일상생활을 영위하기 어려울 정도로 심한 상태[21]를 치매라고 정의한다.

치매는 그 자체로 어떤 활동을 일으키는 진단명이 아니라, 여러 특정한 증상들이 나타나면서 일정 진단기준을 충족하는 하나의 증후군(증상복합체)이다. 치매는 여러 가지 질환들에 의해 나타나는 병적 증상으로, 미만성 레비소체 치매, 두부 외상성 치매 등 다양한 질환

---

[21] 중앙치매센터, 정보, 치매대백과, 치매사전, Available from: https://www.nid.or.kr/info/diction_list3.aspx?gubun=0301

들에 의하여 나타날 수 있으나 알츠하이머병, 혈관성 치매, 미만성 레비소체 치매의 경우에는 치매의 증상으로도 진단이 가능한 질환이다.

2. 치매 역사

1) 고대

① 피타고라스

사람의 일생은 7, 21, 49, 63, 82세의 5단계로 나누어지는데, 뒤쪽 두 가지 단계는 'senium' 혹은 'old age'로 정의하였다. 이 단계에 대해 "세월이 많이 흘러 인생의 후반기에 이르기까지는 오직 일부 사람만이 생존하며 이 단계에 이르면 갓난아이와 같이 약해진다"고 하였다.

② 시세로

정신기능의 쇠퇴가 노인에게 필연적인 것으로 생각하지 않았으며, "노인이 쇠약하면 노망dotage, 광기madness 혹은 섬망delirium으로 불린다. 이는 특징적이기는 하지만 모든 사람에게 나타나는 것은 아니다. 의지가 약한 사람에게만 나타난다"고 하였다. 그는 '적극적인 정신활동이 이러한 경향을 약화시킬 수 있을 것'이라고 주장하였다.

2) 근세 이후

프랑스에서는 1381년부터 demence라는 용어, 영국에서는 1592년부터 dementia라는 용어를 사용하였으며 스페인에서는 1791년부터 demencia라는 용어를 사용하였다.

① 필립 피넬

프랑스 의사인 피넬Philippe Pinnel(1745-1826)이 최초로 노인성치매 senile dementia란 용어를 사용하였다.

3) 현대

① 오토 빈스방거

뇌의 동맥경화로 인해 생기는 새로운 형태의 치매를 보고하였다. "대뇌 피질(cortex)은 잘 유지되고 있으며 대부분의 백질(white matter)은 소실되었다. 이는 긴 혈관들의 동맥경화 때문인 것으로 보인다"라고 말하였다.

② 알로이스 알츠하이머

1906년에 알츠하이머는 51세 오거스트 디Auguste D라는 여성 환자에게서 진행성 인지기능장애, 환각, 망상, 생활능력 상실의 증상을 확인하였다. 이 환자 사후 부검 결과 뇌 피질의 신경세포 내에 섬유질이 다발을 이루고 있는 것(신경섬유다발 또는 신경섬유매듭 neurofibrillary tangle)과 세포 바깥에 아밀로이드 반 amyloid plaque이 존재한다고 보고하였다. 후에 그의 동료인 크레펠린이 그의 업적을 기리어 '알츠하이머병'이라고 명명하였다.

3. 치매 원인

인지기능은 뇌가 담당하므로, 뇌세포들이 죽거나 기능이 떨어지면서 치매가 나타난다. 치매를 일으키는 원인은 여러 가지로, 치료 가능한 치매 원인으로는 뇌수종, 갑상선 기능저하증, 뇌막염, 뇌경막하혈종, 약물중독, 우울증 등이 있으며, 이는 전체 치매의 15% 정도 비중을 차지한다. 적극적 치료로 완화될 수 있는 치매에는 혈관성 치매, 알츠하이머 치매, 알코올성 치매 등이 있다. 반면, 광우병과 같은 뇌염이나 픽병 등은 치료가 불가능하다.

치매의 원인 중 가장 많은 비중을 차지하는 것은 알츠하이머병과 혈관성 치매로, 약 75%의 비중을 차지한다. 우리나라 모든 치매환자의 반 정도는 알츠하이머병이 그 원인이 된다.

다음은 치매를 유발하는 원인에 대한 설명이다.

1) 알츠하이머병

치매를 일으키는 많은 질환들 중에 가장 흔한 것으로, 독일인 의사 알로이스 알츠하이머Alois Alzheimer의 이름에서 딴 병명이다. 특징적인 병리적 소견으로는, 비정상적인 물질들이 모여 있는 집합체들 Plaques(노인성반)과 신경세포 안에서 신경원 섬유들이 비정상적으로 꼬여 있는 소견Tangles(신경섬유원 농축)이 관찰된다.

이외 발견되는 특징적 변화로는 기억과 그 외에 다른 지적능력을 유지하는데 중요한 뇌 부위에 있던 신경세포들이 다량 소멸된 것, 뇌 신경세포 사이에서 오가는 신호 전달 매개 화학물질의 양이 다량 감소된 특징이 있다.

알츠하이머병의 첫 증상은 아주 가벼운 건망증이며, 이후에 병이 진행됨에 따라 언어구사력, 이해력, 읽고 쓰기 능력 등의 장애가 발생하게 된다. 또한 불안감이 생겨나고, 매우 공격적으로 변할 수 있다.

2) 혈관성 치매

뇌에 산소를 공급하는 뇌혈관들이 막히거나 좁아진 것이 원인이 되거나, 반복되는 뇌졸중(중풍)에 의해서도 나타날 수 있다. 뇌 안으로 흐르는 혈액의 양이 줄거나, 혈관이 막혀 발생하게 된다.

인지능력이나 정신능력이 나빠졌다가 일정기간 동안 나빠진 수준을 유지하고, 기간이 지나면 또 다시 반복되는 단계적 악화의 양상을 보인다. 팔, 다리 등의 마비가 오거나 언어장애, 구동장애 및 시야장애 등도 흔하게 나타난다.

3) 파킨슨병

파킨슨병 환자들 중 30~40% 정도는 질병 말기에 치매 증상이 나타난다. 파킨슨병은 몸, 팔, 다리가 떨리고 굳어 동작이 우둔해진다. 주로 가만히 있을 때 손이 떨리는 진전 현상, 보폭이 줄고 걸음걸이가 늦어지는 증상, 말할 때 어눌해지는 증상을 보인다.

4) 루이 소체 Lewy body 치매 DLB, Dementia with Lewy Bodies

루이 소체는 망가져가는 신경세포 안에서 발견되는 단백질 덩어리로, 파킨슨병 환자의 주요 병변 부위인 뇌간의 흑질 부위에서 주로 관찰된다. 루이소체가 대뇌 전체에 걸쳐 광범위하게 관찰될 때는 알츠하이머병의 증상과 매우 유사한 치매 증상을 보인다. 그러나 그 차이가 있는데, 루이 소체 치매의 경우 인지능력장애가 심한 변화를 보이며 간혹 의식장애가 발생한다. 또한 환자들은 환각을 경험하기도 한다.

5) 헌팅턴병

헌팅턴병은 유전적 질환으로 알려져 있으며, 젊은 사람에게서도 나타날 수 있다. 젊은 사람의 경우 얼굴이나 팔 등이 저절로 움직여지는 무도증이나 정신질환으로 나타난다.

노인의 경우 치매 증상으로 주로 나타나며(병 말기에), 인격과 지적 능력, 기억력, 언어능력, 판단력 등이 감소하게 된다.

6) 크루츠펠트-제이야곱병

매우 드문 질환이며, 치명적인 뇌 질환으로 프라이온prion 단백질이라 불리는 물질에 의해 발생한다. 초기 증상으로는 기억력 장애, 시야장애 및 행동장애가 나타나며, 이후 의식장애와 불수의적 운동(예를 들면 근육의 간대성 근경련 또는 팔과 다리의 허약증세, 시각증상)에서 빠르게 진행하여 혼수상태에 이른다.

7) 픽병

비교적 드문 뇌질환으로, 행동 및 인격 장애, 기억장애를 특징으로 한다. 계속적으로 증상이 심해지며 언어장애와 이상행동증 및 치매를 유발하며, 매우 이상한 행동 양상을 보인다.

8) 그 외 치매를 유발하는 질환

뇌종양, 두부 손상, 대사성 뇌 질환, 갑상선 질환, 영양결핍증, 만성 알코올 중독을 포함한 독성물질에 의한 뇌기능장애 등으로 인하여 치매가 유발될 수 있으며, 인지장애가 치매 증상이 발현될 수 있다.

위에서 적시한 뇌 기질성 변화에 따른 치매의 원인 이외에도 이차적 요인으로 인하여 치매가 유발될 수 있다. 이차적 요인으로는 신체적 요인(자리보전, 영양불량, 발열, 빈혈, 청력이나 시력의 저하 등), 정신적 요인(정신적 동요 및 혼란, 불안, 억울함, 심리적 방어반응, 적응성의 저하, 성격 등), 환경 요인(환경의 급변, 퇴직, 가족의 이별 또는 사별, 간호자의 마음자세, 사람 관계, 가족 구성, 주거 및 경제상태, 복지제도 등)으로 인하여 발생할 수 있다.[22]

4. 치매 유형[23][24]

1) 알츠하이머병

치매 원인의 50~70% 정도를 차지한다. 베타 아밀로이드 단백질이 뇌에 침착하면서 생기는 플라크나 타우 단백질의 염증반응 혹은 산화적 손상 등으로 생긴다. 전형적 증상은 이름을 비롯한 신상정보,

---

22　BIOTIMES, '[퇴행성 뇌 질환] 치매의 분류 및 특징①', 나지영, 2020.7.9.
23　코메디닷컴, '알츠하이머 외의 치매종류 4가지', 권순일, 2017.9.29.
24　헬스조선 뉴스, '치매는 한 종류? 주요 치매 '3가지' 알아둬야', 이해나, 2020.09.12.

최근에 나눈 대화나 사건들을 기억하지 못하는 증상이다. 증상이 악화될수록 점점 정상적인 대화가 어려워지고 판단능력을 상실하며, 걷기 힘들어지는 거동장애가 수반된다. 40~50대에 생긴 건망증이 심해져서 오는 경우도 있어서 조기에 발견하고 관리할 수 있으면 좋겠다.

2) 혈관성 치매

치매의 20~30% 정도를 차지한다(뇌졸중, 뇌경색, 뇌출혈 등으로 인한 뇌 혈류량 감소에 따라 혈관성 치매 발생). 급격히 나빠지고 안면마비, 시력손실, 보행에서 장애 등의 신경학적 증상이 치매 초기부터 나타난다.

3) 파킨슨 치매

파킨슨 환자의 40%가 파킨슨 치매를 겪는다(파킨슨병으로 인한 움직임 저하 및 불수의적 떨림에 의함). 파킨슨병은 몸동작에 관여하는 뇌의 신경전달물질(도파민) 부족으로 생긴다. 대표적 증상은 손 떨림, 보행장애, 근육 경직 혹은 마비, 수면장애(잠꼬대, 헛손질, 헛발질)와 후각 손실이 있다.

4) 전두측두엽 치매

전두엽이나 측두엽의 신경세포가 퇴행했을 때 나타난다. 치매환자의 10% 정도에 해당한다. 성격이 변하는 유형, 행동이 달라지는 유형, 의사소통 능력이 떨어지는 유형으로 나뉜다.

5) 루이소체 치매

알파시누클레인이라고 불리는 단백질 무리가 뇌의 피질 영역에 쌓이면서 기억력 손상을 일으킨다. 수면장애, 환각, 근경직과 같은 증상이 나타난다.

6) 혼합형 치매

알츠하이머와 혈관성 치매가 동시에 오는 것을 말한다.

5. 치매 증상 [25]

1) 치매단계별 증상

단계	단계별 증상
초기치매 가족이나 동료들이 노인의 문제를 알아차리기 시작하나, 아직 혼자서 지낼 수 있는 수준	- '최근 기억의 감퇴'가 시작됨. 예전 기억은 유지되나 최근에 있었던 일을 잊음. 음식을 조리하다 불 끄는 것을 잊어버리는 경우가 빈번함. 미리 적어두지 않으면 중요한 약속을 잊음. 조금 전에 했던 말을 반복하거나 질문을 되풀이함. 대화 중 정확한 단어가 떠오르지 않아 '그것', '저것'으로 표현하거나 머뭇거림. 관심과 의욕이 없고 매사에 귀찮아 함.
중기치매 치매임을 쉽게 알 수 있는 단계로, 일정정도 도움 없이는 혼자 지낼 수 없는 수준	돈 계산이 서툴러짐. 전화, TV 등 가전제품을 조작하지 못함. 오늘이 며칠인지, 몇 시인지, 어느 계절인지, 자신이 어디에 있는지 파악하지 못함. 평소 잘 알고 지내던 사람을 혼동하기 시작하나 대개 가족은 알아봄. 대답을 못하고 머뭇거리거나 화를 내기도 함. 다른 사람들이 말하는 것을 이해하지 못하여 엉뚱한 대답을 하거나 그저 "예"라고 대답함. 익숙한 장소임에도 길을 잃어버리는 경우가 많음. 집안을 계속 배회하거나 반복적 행동을 거듭함.
말기치매 인지기능이 현저히 저하되고, 정신행동 증상과 아울러 신경학적 증상 및 기타 신체적 합병증 등이 동반되어 독립적 생활이 거의 불가능한 수준	식사, 의복 입기, 세수하기, 대소변 가리기 등에 대해 완전히 다른 사람의 도움을 필요로 함. 대부분의 기억이 상실됨. 배우자나 자식을 알아보지 못함. 혼자 웅얼거리거나 전혀 말을 하지 못함. 의미 있는 판단을 내릴 수 없고, 간단한 지시도 따르지 못함. 근육이 굳어지고 보행 장애가 나타나 거동이 힘들어짐. 대소변 실금, 욕창, 폐렴, 요도감염, 낙상 등으로 모든 기능을 잃고 누워서 지냄.

---

[25] 중앙치매센터, 정보, 치매대백과, 치매사전_참고_치매의 일반적 증상/ 대림성모병원 정신과 박신영 과장

2) 인지기능장애 증상

① 기억력 장애

초기에 최근에 있었던 일을 기억하지 못하는 단기 기억력의 감퇴가 주로 나타나며 이로 인하여 새로운 정보를 습득하는 능력을 잃게 된다. 시간이 지남에 따라 장기 기억력의 감퇴도 동반하게 된다.

② 지남력 장애

지남력은 현재 시간, 지금 내가 있는 장소, 나와 같이 있는 사람을 인식하는데 사용되는 기능이다. 치매환자의 경우 날짜와 계절에 대한 감각이 떨어지는 등 시간 지남력의 장애를 보인다. 즉, 치매환자는 오늘이 며칠인지, 무슨 요일인지 혹은 지금이 무슨 계절인지를 모르게 되고, 이에 따라 자주 날짜를 착각하고 실수도 하게 된다.

③ 언어장애

언어소통 능력의 장애를 보여 말을 하는데 단어가 떠오르지 않거나, 사물이나 사람의 이름을 기억하지 못하며, 적절한 단어를 사용하지 못하고 다른 단어를 사용한다. 말수가 현저하게 줄어들고 의사소통이 제대로 되지 않는다.

④ 시공간 능력의 장애

자주 다니던 익숙한 거리에서 길을 잃을 수 있으며, 심한 경우 집안에서도 방이나 화장실을 찾아가지 못하는 증상까지 나타날 수 있다. 자동차를 운전하는 경우에 목적지를 제대로 찾아갈 수 없게 되기도 한다.

⑤ 실행능력 장애

감각 및 운동기관이 온전한데도 불구하고 목적성 있는 행동을 못하는 경우를 말한다. 초기에 환자는 운동화 끈을 매지 못한다던가 하는 증상에서부터 시작하여 몇 가지 순서를 밟아야 하는 일(예: 식탁 차리기)에 어려움을 느끼게 된다.

도구의 사용법을 잊어버려 집안의 간단한 도구(예: 가스레인지 또는 텔레비전)를 적절하게 사용하지 못한다. 치매가 진행됨에 따라 식사를 하거나 옷을 입는 단순한 일에서조차 장애가 나타난다.

⑥ 판단력의 장애

금전 관리를 제대로 못하게 되며 때로 필요 없는 물건을 사기도 한다.

3) 정신행동 증상

① 망상과 의심

기억나지 않는 부분을 남의 탓으로 돌리기 때문에 의심이 증가할 수 있다. 의심이 심해져서 다른 사람의 설득이나 설명으로 바로잡아지지 않을 정도로 고착되어 있는 경우를 망상이라도 한다. 망상은 '누군가 내 물건을 훔쳐갔다', '가족들이 나를 해치려고 한다.', '배우자가 바람을 피운다.' 등 다양하게 나타날 수 있다.

② 환각과 착각

환각 중에 실제로는 없는 소리를 듣는 환청이나, 실제로 없는 사물이나 사람을 보는 환시가 가장 흔하게 나타난다. 환각이 발생할 경우 환자는 그 감각을 실제와 똑같이 느끼게 되므로 환각의 내용에 따라 감정 변화가 동반될 수 있다.

③ 우울증

우울증상은 치매와 동반되어 치매환자의 4-50%에서 나타나는 매우 흔한 증상이다. 치매 초기에 많이 발생하며, 최근 2주 동안 우울한 기분, 흥미 상실, 의욕 저하, 식욕 변화, 수면 변화, 자살사고 등이 지속되는 경우 우울증으로 진단할 수 있다. 우울증은 치료를 통하여 효과적으로 조절할 수 있다.

④ 무감동

　즐거운 일이나 슬픈 일에 대한 감정을 느끼거나 표현하지 못하는 상태를 말한다. 우울증과 혼동될 수 있으나 무감동의 동기 부족은 우울증과 달리 불쾌한 감정이나 수면문제, 식욕변화와 같은 생장 증상을 동반하지 않는다는 점이 다르다.

⑤ 불안

　망상과 관련된 걱정, 주변 상황이 파악되지 않는 데 따른 막연한 불안, 특정 대상에 대한 공포반응, 공황발작, 긴장되어 보이는 얼굴 표정이나 몸가짐 등 다양한 양상으로 불안증세가 나타날 수 있다.

⑥ 초조

　초조란 '분명한 욕구 없이, 그리고 의식의 혼돈이 없이 나타나는 부적절한 언어, 음성, 운동'으로 정의된다. 따라서 초조 증상을 보이는 치매환자는 의도적으로 어떤 목적을 가지고 행동하는 것이 아니다. 증상을 매우 다양하며, 안절부절 못하고 같은 행동을 반복하거나, 이것저것 뒤질 수도 있고, 별 가치가 없는 물건을 수집하여 모으거나 폐품, 종잇조각 등을 모아 부적절한 장소에 숨기기도 한다.

⑦ 공격성

공격적인 행동을 하는 치매환자는 소리를 지르고 욕을 하는 등의 언어적인 공격성을 나타낼 수도 있다. 또한, 때리고 발로 차는 등 신체적인 공격성을 보일 수도 있다. 초조와 공격성을 함께 보이는 치매환자는 갑자기 화를 내는 등 감정과 행동이 급격하게 표출되는 파국반응을 보일 위험이 높다. 이러한 파국반응은 주변 사람들을 당황하게 하거나 위험에 노출시킬 수 있으므로 적절한 대처가 필요하다.

⑧ 수면의 변화

정상 노인에게도 노화과정의 일부로서 총 수면시간의 감소나 수면 중에 깨는 횟수의 증가 등의 변화가 나타날 수 있으나, 치매환자에서의 수면 변화는 이보다 훨씬 더 극심한 형태를 띠는 경우가 많다. 치매와 관련된 수면장애로는 심한 불면증 및 이에 동반되어 나타나는 초조행동, 수면주기의 변화, 착란상태 등이 있으며, 이러한 수면장애는 간병인을 지치게 만드는 주요 요인 중의 한 가지이다.

⑨ 식욕의 변화

많은 환자들이 치매의 진행과 함께 식욕이나 음식 기호도의 변화를 보인다. 이러한 변화로 인해 영양 상태나 체중의 심각한 변화가 초래되기도 한다.

⑩ 성욕의 변화

드문 현상이나 일부 환자에서 언어적 혹은 신체적 성적 표현을 노골적으로 하거나, 다른 사람이 있는 데서 자위행위를 하는 등 과도한 성적 행동을 보이는 경우가 있다.

6. 치매 관리 방향

1) 치매관리종합계획 [26]

기본관점: 치매안심사회 Safe from Dementia 구현을 위해 다음 3가지가 기본 핵심 지점이다.

① 사회적 연대 지향적(민관협력과 유기적 연계를 통한 재가생활 지원)

② 수요자 지향적(중증도에 따른 치료·돌봄 경로 마련)

③ 포괄성 지향적(수요자와 공급자 측면을 아우르는 종합성)

과제범위: 노화가 시작되는 장년층부터 고령자 대상으로 치매 중증도에 따른 맞춤형 제도 및 서비스 중심으로 진행.

지역중심, 연계, 서비스 질 관점 강조: 지역사회 기반 공적 네트

---

26 보건복지부, 제4차('21~'25) 치매관리종합계획(사회적 연대를 통한 치매포용국가 조성), 2020.9.

워킹 구축·활용으로 구축된 서비스 자원을 최대한 활용, 서비스 접근도 및 질 관리를 통해 정책 신뢰도를 제고함.

- 비전: 치매환자와 가족, 지역사회가 함께하는 행복한 치매안심 사회 실현.
- 목표: 살던 곳에서 안심하고 지낼 수 있도록 지원하겠음.(치매안심센터의 치매환자 등록 관리율: 60%('21년)→80%('25년))

제4차('21-25') 치매관리종합계획 기본방향 ('치매국가책임제' 완성)

구분	그간 실적('17.9~'20.8)	성과분석	치매국가책임제의 완성
인프라 확충	치매안심센터: 256개소 치매전담 장기요양기관: 210개소 치매안심병원: 4개소	[성과] 공적 기반 마련 [한계] 양적 부족, 접근성 부족 [방향] 공급 확대, 서비스 접근성 제고	치매안심센터 분소 설치 치매전담형 장기요양기관: 310개소 치매안심병원: 22개소
맞춤형 사례 관리	치매안심센터 사례관리: 10.2만 건	[성과] 1:1상담, 검진, 사례관리 [한계] 대상자별 특성화 미흡 [방향] 차별화된 맞춤형치매관리	초기 치매환자 집중관리 경로 개발 맞춤형 서비스계획(케어플랜) 수립 지역자원 연계·협력
장기 요양 서비스	인지지원등급 신설: 1.7만 명 장기요양비 부담 경감폭 확대 단기보호 제공 주야간보호 기관: 88개소	[성과] 서비스 대상 확대 및 부담경감 [한계] 인지지원등급 장기요양 서비스 이용자: 4천명 [방향] 서비스 다양화로 지역 거주 지원	치매안심센터 쉼터서비스 제공 단기보호 제공 주야간보호 기관: 350개소 상시돌봄형 및 통합형 재가서비스 주거+장기요양서비스 모형 개발

의료 지원	중증치매환자 의료비 부담률 감소: 최대 60%→10% 치매검사 건보 적용(치매진단: 30~40만원→15만원, MRI: 60만원→14~33만원)	[성과] 의료비용 부담 감소 [한계] 의료서비스 전문화 미흡 [방향] 비용부담 추가 완화, 서비스 품질 향상	치매환자 가족 상담수가 도입 한국형 치매선별검사도구 개발 치매전문교육 표준화 및 전문성 제고
사회적 지원	치매안심마을(339개) 치매노인 공공후견제 도입 국가치매 R&D 계획 마련('18), 치매극복 R&D 사업단 출범('20.7)	[성과] 치매파트너즈, 치매안심마을 등 양적 확대 [한계] 치매 관련 부정적 인식 해소 미흡 [방향] 관련 제도 내실화, 가족지원 확대	비대면 기술 활용 예방·검진·인지강화 치매 원인·진단·치료기술 개발연구(~ '28) 후견법인 기준 마련 및 후견지원 신탁 도입 치매가족휴가제 연 이용한도: 6일→12일

제4차 치매관리종합계획 구성

- 「전문화된 치매 관리와 돌봄」을 기본으로 이를 뒷받침할 「치매관리 관련 정책기반 강화」를 양대 축으로 기본계획의 체계 구성

- 「전문화된 치매 관리와 돌봄」은 4대 영역, 8개 분류, 46개 과제 도출
  ① 선제적 치매 예방·관리
  ② 치매환자 치료의 초기 집중 투입
  ③ 치매 돌봄의 지역사회 관리 역량 강화
  ④ 치매환자 가족의 부담 경감을 위한 지원 확대

- 「치매 관련 정책기반 강화」는 4대 영역, 8개 분류, 41개 과제 도출
  ① 치매관리 전달체계 효율화
  ② 치매관리 공급 기반 확대 및 전문화
  ③ 초고령사회에 대응한 치매연구 및 기술개발 지원 확대
  ④ 치매환자도 함께 살기 좋은 환경 조성

수요자 관점 생애주기별 치매 관리 강화

전문화된 치매 관리와 돌봄	1. 선제적 치매 예방·관리	1) 치매고위험군 집중관리 및 치매 조기발견 지원 2) 인지건강증진 프로그램 개발 및 확산
	2. 치매환자 치료의 초기 집중 투입	1) 치매환자의 치료·관리 전문성 강화 2) 초기 집중 관리로 치매 악화 지연
	3. 치매 돌봄의 지역사회 관리 역량 강화	1) 지역 거주 치매환자 지원 서비스 다양화 2) 유관자원 연계를 통한 지원체계 강화
	4. 치매환자 가족의 부담경감을 위한 지원확대	1) 지역 기반 치매환자 가족 지원 서비스 강화 2) 치매환자 가족의 돌봄 역량 강화 지원

치매 선제적 관리

1. 선제적 치매 예방·관리

[핵심과제]

- 한국형 치매선별검사도구 개발('21).
- 치매 조기발견·검진을 위한 다양한 협력체계 구축('21~).
- 전 연령층 대상 인지건강 프로그램 개발·보급('21~).
- 치매예방 실천지수 확대('21~).

산림·농업·해양자원을 활용한 야외 치유프로그램 발굴('21~).

1) 치매고위험군 집중관리 및 치매 조기발견 지원

① **치매안심센터 중심의 치매 고위험군 관리**
- 경도인지저하자에 대한 전화, 검진안내문 발송, SNS 등을 통한 지속관리.
- 75세 이상 독거노인에 대해 노인맞춤돌봄서비스 제공사업과 협력하여 치매검진 확대, 예방·관리 서비스(우울예방과 인지활동 프로그램) 찾아가는 방식 제공.
- 주민센터 협력을 통해 '독거노인현황' 공유, 치매안심센터에서 고위험군 대상자 관리 및 치매조기검진과 예방관리 서비스 실시.
- 보건소 방문건강관리사업과 연계, 방문간호사가 인지저하가 의심되는 65세 이상 어르신 및 건강취약계층을 발굴하여 치매안심센터로 안내.

② **치매선별검사도구 개발**

③ **치매 조기발견과 검진을 위한 지역 내 다양한 협력체계 구축**
- 지역 내 공공과 민간의 협력자원에 대한 현황조사 실시, 치매 예

- 방·진단·치료·돌봄 등에 대한 환자와 가족의 욕구조사.
- 치매안심센터와 지역 병·의원과 협력을 통해 고위험 기저질환자에 대한 치매검진 안내.
- 의사 대상 치매전문교육, 장기요양 5등급 신청 소견서 관련 치매진단 의사교육 확대, 치매안심센터 협력의사 외 치매검사 역량을 갖춘 지역의사 확보.
- 「건강검진기본법」에 따른 국가건강검진 인지기능장애검사 결과를 치매안심센터에서 제공받을 수 있도록 건보공단과 정보연계('21).
- 경로당, 노인복지관과 같은 지역사회 노인사회활동 요양원을 찾아가는 등 지역별 여건에 맞게 다양한 형태로 검진 실시.

2) 인지건강 증진 프로그램 개발 및 확산

① 전 연령층을 대상으로 프로그램 개발 및 보급
- 정상·고위험·경도인지장애·치매군 등 치매단계별로 다양한 인지훈련 콘텐츠 개발 및 확산.
- 노인복지관에 치매안심센터의 치매 예방·조기검진 및 인지강화 프로그램 보급하여 치매발병 고위험군의 인지기능 관리.

② 전 국민의 인지건강 실천율 제고

어플리케이션(치매체크 앱) 탑재 운영 중인 치매예방 실천지수를 인지건강 실천지수로 확대개편.

③ 치매예방 콘텐츠 홍보 및 확산

치매예방운동법을 건보공단 주관 건강백세운동교실을 통해 확산, 노인복지관·경로당·마을회관 등을 통해 전국 확산 추진.
공공 및 민관 유관기관과 협력하여 다양한 무료 매체(영상매체, 정기간행물, SNS채널, 4대보험 통합고지서, 반상회보 등)를 통한 대국민 홍보 추진.

④ 야외 치유프로그램 발굴 및 확산

산림·농업·해양자원을 활용한 치유 프로그램 발굴 및 실시.
국립산림치유원 및 치유의 숲을 활용한 산림치유, 치매안심센터의 치매예방교실 및 치매환자 가족지원 힐링사업 연계 프로그램 운영.
사회적 농장과 연계, 치매안심센터의 경증치매, 치매전단계노인 대상 프로그램 및 가족교실 프로그램으로 사회적 농업 활용.
해양치유 프로그램 운영 추진.
치유농업 프로그램 운영농장과 치매안심센터 협업을 통한 원예활동, 텃밭정원 가꾸기 등을 통한 지역특화 치매안심마을 운영 지원.

2. 치매환자 치료를 위한 초기 집중 투입

[핵심과제]
- 치매환자 가족 상담수가 도입('23~).
- 치매 검사비 지원 확대('22~).
- 치매안심센터 서비스 대상자 확대('22~).
- 초기 치매환자 집중관리 경로 개발('22~), 초로기 치매환자 지원 강화('21~).

1) 치매환자 치료·관리 전문성 강화

① 신경과·정신건강의학과 등 전문의 진료의 치매환자 가족 상담수가를 도입하여, 치매환자 가족의 부양 스트레스에 대한 정신과적 상담과 치매환자에 대한 지속적인 치매 치료와 관리 지원.

② 치매 진료지침 표준화
- 기존 진단 중심의 치매 진료지침에 치료 내용 보강(비약물 치료 포함).
- 치매전문병동, 치매안심병원 종사자의 적절한 대응을 위한 '정신행동증상 진료지침' 개발, 관련 직무교육과정으로 개발·보급.

③ 치매환자 의료비 부담현황 주기적 조사

- 건강보험 의료보장률 매년 조사, 비급여 진료항목별 구성비, 요양기관 종별 보장률 등 세부 내용 분석.

④ 치매 검사비 지원 확대

- 치매환자의 감별검사 시 현재 11만원인 정부지원금 상한액을 본인 부담금 실비 지원 수준으로 단계적으로 15만 원까지 상향 조정('22~).

⑤ 웰다잉 제도적 기반 마련

'20년 노인실태조사에 웰다잉 관련 설문항목 추가를 통한 노인의 인식, 욕구 등 파악.
웰다잉 교육 프로그램 개발 및 노인복지관·경로당 등을 통해 보급('22~).

2) 초기 집중 관리로 치매 악화 지연

① 치매안심센터 서비스 대상자 확대

- 치매안심센터에서 제공하는 조기검진, 치매예방, 쉼터 이용, 조호 물품 제공, 가족지원 서비스 이용 대상을 확대(기존 60세 이상에서 나이 제한 폐지), 초기환자 선제적 발굴.
- 치매안심센터 내 치매환자 쉼터 이용대상을 경증 치매환자까지

확대, 전문적 인지건강프로그램과 돌봄 제공.

② 초기 치매환자 집중 관리 경로 개발
- 경증치매 진단환자에 대해 가족상담(월2회)→치매쉼터(주3~4회)-가족교실(월1회)→사례회의(2회) 등 일련 서비스들을 묶어서 단기과정(3~6개월)으로 운영.

③ 초로기 치매환자 지원 강화
- 초로기 치매환자를 대상으로 한 치매안심센터 쉼터프로그램 개발·보급.
- 초로기 치매환자들의 정보교류를 위한 사이트 개설 및 필요시 상담지원.
- 젊은 치매환자를 위한 공공근로프로그램 개발 및 경증치매 환자 공공근로 우선대상자에 포함.

3. 치매환자 돌봄을 위한 지역사회 역량 강화

[핵심과제]
- 주야간보호기관의 단기보호서비스 제공확대('21~).
- 통합형 재가서비스 제공 추진('21~).
- 고령자 특화형 주거 및 복지서비스 제공 모형 개발('21).

1) 지역 거주 치매환자 지원서비스 다양화

① 수시 돌봄을 위한 순회 방문서비스제도 도입
- 독거 또는 치매노인 등 수시 돌봄이 필요한 장기요양 수급자 가정을 대상, 가족 부재 시간 및 야간 시간대의 돌봄 제공 위해 하루에 단시간(20~30분) 수시로 방문하는 상시 돌봄형 재가서비스 개발.

② 주야간보호기관을 통한 단기보호서비스 제공 확대
- 가족의 부재 시 치매환자 등 장기요양 수급자와 가까운 주야간보호기관에서 일정기간 돌봄 제공하는 단기보호서비스 확대.

③ 통합형 재가서비스 제공 추진
- 재가 치매환자 등 장기요양 수급자의 상태나 욕구에 따라 방문요양 서비스에 방문간호나 주야간보호를 혼합하여 단일 장기요양기관에서 효율적으로 제공할 수 있도록 통합재가급여서비스 확대 추진.

④ 치매환자의 주거안전 및 주거복지 지원
- 치매환자 주거환경의 안전성을 진단할 생활환경 척도를 개발('21), 향후 관련 주택공급 또는 각종 집수리 사업 시 위험요소 개선 추진.
- 고령자 복지주택과 결합한 요양서비스 개발.

2) 유관자원 연계를 통한 지원체계 강화

① 지역 사회 통합 돌봄 선도사업과 연계
- 치매안심센터를 통한 돌봄 필요 노인 발굴, 초기상담 등 실시로 치매노인 등에게 지역사회 통합돌봄서비스 연계.
- 지역사회에서 발굴되는 인지저하 및 치매의심 통합 돌봄 대상자에 대해서 치매안심센터 연계지원.
- 인공지능AI, 사물인터넷IoT 등을 활용한 스마트홈 시범사업과 연계한 정서지원, 안부 및 안전 확인 강화 실시.

② 노인 돌봄 전달체계를 활용한 돌봄 지원
- 지역사회 거주 노인을 중심으로 돌봄-생활지원-주거-건강서비스가 유기적으로 연계·제공될 수 있도록 전달체계 강화 추진.

③ 노인 일자리 연계를 통한 치매노인 돌봄 강화
- 노인 일자리사업 참여자를 활용하여 고령자 대상 치매예방활동, 경증 치매환자 대상 일상생활 보조 활동 등 실시.

④ 지역사회 협의체 운영 활성화
- 공공과 민간영역의 원활한 동반 관계 구축을 위해 치매안심센터에서 운영 중인 지역사회 협의체 운영 강화.

⑤ 지역 단위 계획 수립 시 연계

지역사회보장계획, 지역보건의료계획 등 시군구 단위 계획 수립 시 치매관리 주요 내용을 반영토록 하여, 유관계획 간 연계성 강화.

4. 치매환자 가족 부담 경감을 위한 지원확대

[핵심과제]

치매가족휴가제 연간 이용한도 확대('22~).

치매치료 관리비 지원대상 확대('22).

치매가족 온라인 자조모임 정례화('22~).

초로기 치매환자 및 가족대상 각종 지원 정보제공('21~).

치매가족 돌봄 교실 강화('22~).

치매환자 가족 대상 노인인원 및 학대 예방교육 실시('22~).

1) 지역기반 치매환자 가족 지원 서비스 다양화

① **치매환자 가족 돌봄자의 휴식 및 근로 유연성 지원 확대**

치매가 있는 장기요양수급자에게 제공되는 치매가족휴가제의 단기보호 서비스 및 종일 방문요양서비스의 연간 이용일수 한도 단계적 확대.

장기요양재가서비스 틀 내에서 가족 돌봄자 family caregiver에 대한 지원방안 마련.
- 근로자의 가족 돌봄을 지원하기 위한 근로시간 단축제 시행 사업장을 확대하고 근로자가 가족 돌봄 휴가 및 휴직을 원활히 활용할 수 있도록 '휴업·휴직·휴가 익명신고센터' 운영 및 제도 홍보.

② **치매환자 가족의 경제적 부담 경감**
- 치매환자에 대한 치매치료 관리비 지원범위 확대
- 연말정산 인적 소득공제의 '장기 치료를 요하는 자' 항목에 치매환자가 포함됨을 홍보.

③ **치매환자 및 가족 대상 교통편의 서비스 제공**
- 장기요양 1~4등급 수급자의 병원 진료 등 외출 시 요양보호사 동행을 제공하는 이동지원서비스를 경증 치매수급자(5등급, 인지지원등급)까지 확대 검토
- 지역 내 모범택시운전자회·차량봉사회 등과 연계 또는 치매안심센터 차량

2) 치매환자 가족의 돌봄 역량 강화 지원

① **치매환자 가족의 돌봄 기능 지원**
- 감염병 확산 상황에 대응하여 치매안심센터에서 치매환자 가족

- 대상 정기적 전화 상담 및 방역수칙 준수 하에 치매안심센터 임상심리사가 전문적 상담프로그램 실시.
- 치매환자 가족 자조모임에 대한 접근성을 제고하기 위해 치매가족 온라인 자조모임 정례화 추진.
- 치매안심센터 사례관리 대상을 치매환자와 가족까지 확대하고, 온라인 정신건강 자가 검사 결과 우울, 스트레스 등 부양부담이 심한 치매환자 가족에 대한 상담 제공.
- 초로기 치매환자 및 가족이 발병 초기 단계에 적절한 지원을 받을 수 있도록 정보 안내 광고지 및 상담 매뉴얼 개발('21).
- 중앙치매센터 및 치매안심센터의 치매가족 돌봄 교실의 교육과정을 대면/비대면으로 다양화, 교육과정을 환자의 인지기능 단계별·증상별로 구분하여 개발(~'22).

② **노老—노老 학대 예방 교육 강화**
- 치매안심센터를 이용하는 치매환자 가족 대상으로 치매노인 인권 및 학대예방교육을 실시하고, 치매안심센터 종사자의 직무교육에 노인인원교육 추가.
- 치매안심센터 및 주야간보호요양원 이용자의 가족 및 보호자를 대상으로 하는 노인 학대 예방 교육콘텐츠를 개발('21)하고, 노인 관련 요양원으로 확산.
- 장기요양 등급판정을 받은 수급자와 가족을 대상으로 급여이용 교육을 통해 노인 학대 예방교육 실시.

③ 문화·여가생활 지원서비스 강화
- 치매환자 가족 대상으로 치매안심센터의 힐링프로그램 다양화 및 여행 지원 사업 운영.

④ 치매환자 돌봄 경험 보유가족의 사회활동 참여지원
- 치매환자 돌봄 경험이 있는 가족을 치매안심센터 자원봉사자로 활용하고 활용경비 등 보상체계 마련.

치매 관련 기반의 연계체계 마련, 제도개선을 통한 기반 구축

치매 관련 정책 기반 강화	1. 치매관리 전달체계 효율화	1) 치매관리 주요 수행기관의 기능 정립 및 강화 2) 유관기관 연계와 협력을 통한 치매 전달체계 개선
	2. 치매관리 공급인프라 확대 및 전문화	1) 치매 의료·요양기관의 서비스 전문화 2) 의료·요양 제공기관 확충 및 지원체계 개선
	3. 초고령사회에 대응한 치매 연구 및 기술개발 지원 확대	1) 치매 관련 통계와 연구 지원체계 마련 2) 치료와 돌봄을 지원하는 과학기술Technology 활용
	4. 치매환자도 함께 살기 좋은 환경 조성	1) 치매 인식개선을 위한 교육과 홍보 2) 치매환자와 더불어 사는 사회적 환경 조성

치매관리 전달체계

1. 치매관리 전달체계 효율화

[핵심과제]
- 치매안심센터의 총괄 코디네이터 역할 강화('21~).
- 치매환자 맞춤형 서비스 계획 수립·제공('22~).
- 지역자원 발굴 및 민관협력 우수사례 확산('21~).

1) 치매관리 주요 수행기관의 기능 정립 및 강화

① 중앙치매센터에 정책지원기능 강화
- 치매정책의 체계적 관리를 위해 중앙치매센터에 치매관리종합계획 수립 지원, 치매관리 관련 조사연구 및 정책과제 발굴업무 등 추가.
- 향후 중앙치매센터의 연구·정책·교육업무와 의료 간 연계를 강화하여 '국가치매센터'로 확대 개편 방안 검토.
- 국민에게 치매 관련정보 신속 전달을 위해 치매상담콜센터(1899-9988)에 기존상담 외에 치매지식과 온라인 정보관리, 홍보기능 강화하여 '치매지식정보소통센터'로 확대개편.

② **광역치매센터에 지역치매관리 조정기관으로서의 기능 강화**
- 치매관리 시행계획 수립 관련 정책 개발 지원, 치매안심센터 기술지원, 권역 내 치매관련 자원 발굴 및 연계체계 마련, 교육 등 역할 강화.

③ **치매안심센터의 총괄 코디네이터 역할 강화**
- 인지저하 노인 발굴 및 양질의 서비스 제공을 위해 치매안심통합관리시스템ANSYS과 국민건강보험공단, 행복e음 등 타 보건복지시스템과 정보연계 추진.
- 치매안심센터 내 사례관리 전담팀 구성, 치매환자별 전담사례관리자를 지정하여 맞춤형 서비스 계획 수립 및 제공.
- 지역 특성에 맞게 보건지소 등 기존 기반 활용하여 선별검사, 치매예방 프로그램 등 치매안심센터 서비스를 제공하는 분소 확대.
- 지역사회 치매관리사업의 질적 개선 유도를 위해 치매안심센터 모니터링 및 평가체계 개발(중앙치매센터) 및 결과에 따른 기술지원(광역치매센터) 실시.

2) 유관기관 연계와 협력을 통한 치매 전달체계 개선

① **치매 케어플랜 및 지역사회 연계 가이드라인 개발**
- 치매안심센터에 등록한 치매환자의 중증도별 케어플랜 지침

개발.

중증도별 치매환자 및 유관기관 현황 등 지역특성을 반영한 치매환자 연계체계를 구축할 수 있도록 지역사회 연계 가이드라인 개발·보급.

치매안심센터 종사자에 대해 치매환자 교육 강화 실시.

② 동원 가능한 공공과 민간 자원 발굴 및 우수사례 확산

광역치매센터 주관으로 의료기관, 복지관 등 지역사회 보건·의료·복지·장기요양 관련 자원 현황조사.

광역치매센터 주관으로 지역별 특성에 맞춘 민관 협력사례 발굴 및 지역 내 확산.

2. 치매관리 공급 기반 확대 및 전문화

[핵심과제]

치매전문교육 개편을 통한 양질의 전문 인력 양성('21~).

장기요양 등급판정체계 개편('22~).

치매전담형 장기요양기관 확충 및 서비스 질 향상('21~).

치매전문병동 확충 및 치매안심병원 지정 확산('21~).

1) 치매 의료·요양기관의 서비스 전문화

① **치매 관련기관 종사자 전문성 강화 및 교육 지원체계 개선**
- 요양보호사 양성과정에 치매전문교육 내용을 확대하여 자격 취득 시부터 치매환자 돌봄 능력을 향상.
- 치매 돌봄 경험이 있는 장기요양 종사자에게 심화과정으로 운영될 수 있도록 치매전문교육 개편 추진.
- 기관별 별도 교육과정 및 시스템을 통해 관리 중인 치매전문교육을 표준화하여, 기초공통과정과 전문특화과정으로 구분.
- 치매안심센터의 모든 협력의사에게 치매전문 기초 공통교육 이수 의무화 ('22~).

② **치매안심병원(치매전문병동) 지정 확산 지원**
- 행동심리 증상BPSD 치매환자 전문치료를 위한 치매안심병원 지정·운영 활성화를 위한 성과 기반의 지원방안 마련.
- 수가 지원방안 마련을 위한 연구용역('19) 결과를 토대로 모델 개발 및 시범사업('21~)을 거쳐 치매안심병원에서 집중치료 후 지역사회에서 돌봄을 받을 수 있는 체계 구축 및 시행('23~).

③ **치매안심센터 서비스 제공 인력 품질 제고**
- 치매예방 및 쉼터프로그램 등 지도 민간 강사를 위한 치매 기초 교육프로그램 운영, 강사 선발기준 및 강사료 등 강사 관리에 대한 매뉴얼 마련('21~).

2) 의료·요양 제공기관 확충 및 지원체계 개선
① 장기요양 등급판정체계 개편.
② 치매 전담형 장기요양기관 확충 활성화.
③ 치매전문병동 및 치매안심병원 지속 확충.

3. 초고령사회에 대응한 치매연구 및 기술개발 지원 확대

[핵심과제]
  유관기관 자료연계를 통한 치매종합정보DB 구축('21~).
  치매 관련 코호트 구축 및 통합관리('21~).
  치매연구 통합 플랫폼 구축('22~).
  인지능력 강화를 위한 디지털 치료기기 개발('21~).
  ICT 기술을 활용한 주거 안전 강화('21~).

1) 치매 관련 통계와 연구 지원체계 마련
① **치매환자 DB 품질관리 및 연계를 통한 데이터 활용성 강화**
  치매안심통합관리시스템 입력 치매환자 정보 변수 표준안 마련 및 품질관리.
  공공기관의 치매환자 자료와 행정정보를 치매안심통합시스템과 연계하여 치매종합정보DB 구축 추진.

② 치매환자 임상정보 수집 및 연계로 임상연구 기반 강화
- 치매 뇌 은행 내실화 및 활용 촉진.
- 치매 관련 총 4종의 코호트 체계적 구축('21-25, 125.5억 원).
- 치매연구 통합플랫폼 구축.
- 신약·진단기기 개발과 관련한 임상시험에 사용할 수 있도록 치매환자의 임상정보 표준화, 임상시험 지원 레지스트리Trial Ready Registry, TRR 구축 및 활용.

③ 전주기적 치매극복연구개발사업 추진
- 치매의 원인규명, 조기예측·진단 및 예방·치료 기술개발R&D 추진을 통해 치매극복을 위한 과학기술적 지원.

④ 근거 기반 치매관리정책 수립을 위한 연구 확대
- 치매 역학조사(5년 주기) 정례화.
- 치매노인 실태조사를 통해 치매환자 가족의 사회·경제적 부담 연구('21).

2) 치료와 돌봄을 지원하는 과학기술Technology 활용
① 비대면 기술을 활용한 예방·검진·인지강화 프로그램 확산
- 거동이 불편한 어르신이 자택에서 치매안심센터 협력의사와 원격 시스템을 통해 비대면 치매진단검사를 받도록 활성화.

치매예방, 인지재활 프로그램 등을 집에서 따라 할 수 있도록 온라인 프로그램 발굴.

② **치매 증상 지연 및 치료를 위한 디지털 치료기기 개발 및 실증**
치매환자 인지능력 강화 및 정신건강 관리를 위한 비대면 치매예방 및 치료중재 콘텐츠 개발 및 콘텐츠 통합관리 플랫폼 개발. 디지털 치료기기의 임상적 효과성 확인 및 치매안심센터 협력병원 등을 중심으로 리빙랩 기반 실증 추진.

③ **정보통신기술을 이용한 응급안전안심서비스 강화**
취약노인 가정에 최신 ICT 기술을 적용한 장비를 연간 10만 대씩 보급하여 응급상황 신속대응 및 안전 주거생활 지원.

④ **고령친화기술 조사·평가 및 확산방안 마련**
치매안심센터에서 사용 중인 치매 관련 정보통신기술 현황을 조사하여 타 지역도 적용하는 방안 마련.
고령자 친화 기술을 활용한 서비스(프로그램)에 대한 평가기준 마련.

4. 치매환자와 함께 살기 좋은 환경 조성

[핵심과제]

주기적 치매 인식도 조사('21~).

치매파트너즈 및 치매파트너즈 플러스 양성('21~).

치매안심마을 단계적 확산('21~).

치매환자에 대한 공공후견 활성화('21~).

1) 치매 인식 개선을 위한 교육과 홍보

① 치매 인식도 조사 기반 마련 및 인식개선 교육 개선

- 치매안심센터에서 지역주민 대상으로 치매에 대한 인식도 조사를 위한 표준화된 평가도구 마련 및 조사 실시('21부터 격년).
- 아동·청소년·청년기·중년기 등 다양한 연령층을 대상으로 치매 조기예방 및 인지건강교육을 위한 콘텐츠 및 매뉴얼 개발·보급.
- 지역주민문화센터, 주간보호센터, 경로당 등과 협력을 통해 지속적인 치매 인식교육 실시.

② 치매파트너즈 양성 및 활동기반 강화

- 치매관련 교육을 이수하고 치매 인식개선 활동, 치매환자를 위한 주기적 자원봉사 등에 참여하는 치매파트너즈 및 치매파트너즈 플러스 모집·확산.

- 자원봉사자가 필요한 치매안심센터와 치매파트너즈를 매칭하고, 봉사활동 평가 및 이력관리가 가능한 치매 봉사활동 관리시스템 구축·운영.

③ **지역사회 치매 인식 개선 활동 지속 추진**
- '치매 극복의 날(9/21)' 행사 시, 지자체별 복지관·경로당·병원 등 민간기관과 연계하여 치매 인식개선 캠페인 및 부대행사 개최.
- 치매극복 걷기대회를 통해 지역주민 대상 다양한 홍보 지속.

2) 치매환자가 더불어 사는 사회적 환경 조성

① **치매안심마을 질 관리 및 단계적 확산**
- 치매안심마을 인증기준 마련 및 우수사례 발굴·확산을 통해 점진적 확대 추진.
- 치매안심통합관리시스템에 치매안심마을 관리 및 모니터링 기능을 탑재하여 실시간 관리.

② **치매공공후견사업 지원체계 강화**
- 인식개선 홍보를 통해 공공후견 활성화, 모니터링 및 실적관리 시스템 개발 및 운영을 통해 업무관리 체계화('20~).
- 현행 시민 후견인(전문직 은퇴자, 주부 등) 외에 후견 관련 전문성을 갖춘 법인도 공공후견인으로 활동할 수 있도록 기준 마련.

③ 치매환자 실종 예방 및 일시보호체계 강화

- 배회 증상이 있으나 장기요양급여 한도액 부족 등의 사유로 '배회 감지기 대여서비스'를 이용하지 않는 치매환자에게 치매안심센터에서 해당 서비스를 제공, 그 대상을 치매 의심자까지 확대.
- 신원 미확인 실종 치매노인을 노숙인 일시보호 요양원이 아닌 시군구 지정 노인요양원에 보호하도록 일시보호체계 강화 추진.
- 치매안심센터[27]

치매안심센터 운영

추진주체	역할
보건복지부	국가치매관리사업 총괄 및 전달체계 수립 및 관리·지원 광역치매센터·치매안심센터 예산 지원 및 지도·감독 광역치매센터·치매안심센터 운영지침 수립 성과평가를 통한 사업 질 관리 및 운영 효율화 도모
중앙치매센터	국가치매관리사업 기획 및 연구 광역치매센터 사업수행을 위한 기술지원 광역치매센터·치매안심센터 성과평가 수행지원 치매안심센터 운영지침 수립 지원 치매안심센터 종사자 표준 교육과정 및 교재 개발 광역치매센터·치매안심센터 간 연계지원
광역지자체 (시도)	광역자치단체의 치매관리사업 시행계획 수립 및 시행 광역치매센터 설치 및 운영 광역치매센터 치매관리사업 지도 및 감독 광역치매센터·치매안심센터 예산 교부 및 교부집행 관리 광역치매센터 행정적·재정적 관리 및 지원 치매안심센터 치매관리사업 지도 및 감독

---

[27] 보건복지부 보건복지상담센터, 정보마당, 자료실, 2020년 치매정책 사업안내, 2020.06.11. Available from: http://www.129.go.kr/info/info04_view.jsp?n=1605

광역치매센터	지역치매관리사업 기획 및 연구 치매안심센터 사업수행을 위한 기술 지원 치매안심센터 성과평가 수행 지원, 종사자 교육 및 훈련 치매관련 자원 강화 및 연계체계 마련
기초지자체 (시군구보건소)	치매안심센터의 치매관리사업 시행계획 수립 및 시행 치매안심센터 설치 및 운영, 행정적 관리 및 지원
치매안심센터	상담 및 등록관리 사업 조기검진 사업 쉼터 운영 사업 가족 지원 사업 치매 인식개선·홍보 사업

사업목적: 치매예방, 상담, 조기진단, 보건·복지 자원 연계 및 교육 등 유기적인 「치매 통합관리 서비스」 제공으로 치매 중증화 억제 및 사회적 비용을 경감, 궁극적으로 치매환자와 그 가족, 일반시민의 삶의 질 향상에 기여.

• 추진체계

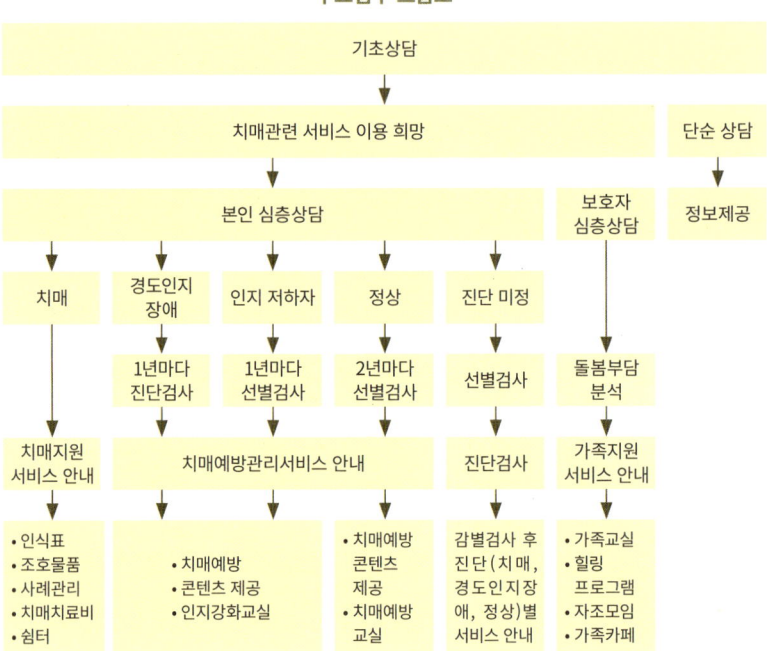

구성 및 기능

① 치매안심센터: 초기상담 및 치매 조기검진, 1:1사례관리, 치매단기쉼터 및 치매카페 운영, 관련 서비스 안내 및 제공기관 연계.

② 쉼터: 초기 상담 이후 치매지원서비스 연계 전까지 치매악화 지연(최대 1년 이용)을 위한 치매환자쉼터 설치.

③ 카페: 치매노인이 쉼터를 이용하는 동안 환자 가족이 정보교환, 휴식, 자조모임 등을 할 수 있는 치매카페를 설치하여 정서적

지지 기반 마련.

5. 치매 치료관리비 지원사업

사업목적

치매를 조기에, 지속적으로 치료 및 관리함으로써 효과적으로 치매 증상을 호전시키거나 증상 심화를 방지하여 노후 삶의 질 제고 및 사회경제적 비용 절감에 기여.

치매 조기 약물치료 시 8년 후 요양원 입소율 70% 감소.

중증 치매환자는 경도 치매환자에 비하여 약 7배의 경제적 부담 발생.

근거법령

치매관리법 제12조(치매환자의 의료비 지원 사업), 치매관리법 시행령 제10조(의료비 지원 대상·기준 및 방법 등).

사업개요

대상: 치매치료제를 복용 중인 치매환자.

지원내역: 치매치료관리비 보험급여분 중 본인부담금(치매약제비 본인부담금+약 처방 당일의 진료비 본인부담금).

기간: 2020. 1. 1.~12. 31. (지원금액) 사업기간 내 발생한 치매치료관리비 본인부담금(월 3만원 상한 내 실비 지원) (지급방식) 치료제

복용 개월 수에 따라 일괄 지급.

사업수행 체계도

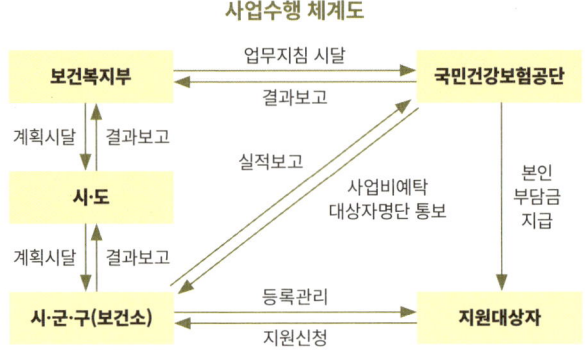

기관별 담당 업무

기관	담당 업무
보건복지부	- 치매치료관리비지원사업 계획 수립, 지침 시달 및 평가 등 사업 - 치매관리비 예탁금 지급 관리업무(보조금 예산 확보 및 시·도 예산 집행상황 점검) - 비용환수 등 사후처리 지침 수립 및 시달
시·도	시·군·구 치매치료관리비지원사업 지도·감독 보조금 예산 확보 및 시·군·구 예산 집행 상황 점검 시·군·구 사업량 및 예산 조정 비용환수 등 사후처리 업무 총관리
시·군·구 (치매안심센터)	치매치료관리비지원사업 자체계획 수립 및 시행 치매치료관리비지원 접수·선정 및 대상자 관리 예산 집행 상황 점검 및 조정 치매관리비 예탁금 지급 관리업무 건보공단에서 사전지급제외처리 이후 보건소로 통보된 '최종 미환수 대상자'에 대해 대상자 자격관리 및 비용환수 업무처리
국민건강보험 공단	치매치료관리비 본인부담금 발생 내역 확인 예탁금 관리 및 집행 실적 관리 사전지급 제외(전산상계처리) 가능자 비용환수 처리 및 대상자관리업무 등

6. 광역치매센터 운영

추진배경

치매관리법 시행('12. 2. 5.) 및 국가치매관리종합계획 수립·시행('12. 7~), 치매국가책임제 시행('17. 9~)에 따라 국가치매관리 정책을 지역실정에 맞게 확대 및 보급 필요.

급증이 전망되는 지역 내 치매 치료·돌봄기관에 대한 서비스 기술 지원 및 종사 인력에 대한 교육·훈련을 수행할 인프라 절실.

추진목표

광역 시·도별로 역량 있는 병원 등에 광역치매센터를 구축하여 지역사회 치매관리 사업의 내실 있는 추진을 위한 기반 확보.

지역사회 내 치매관리 서비스 기획 및 자원조사, 전문인력 육성, 인식개선을 위한 홍보, 연구기능 강화.

지원근거

치매관리법 제16조의 2(광역치매센터의 설치), 제18조(비용의 지원), 제20조(위임과 위탁).

추진경과 및 지원현황

① 국립대병원에 설치된 노인보건의료센터(강원대, 충남대, 전북대, 경북대)에 권역 치매센터 지정('12. 4월).

② 광역치매센터 지정 및 설치비 지원: 사업대상자 공모, 선정 및 지정절차를 거쳐 '13년 7월 국립대병원 등 총 11개소를 광역치매센터로 지정하고 설치비 지원.

③ 광역치매센터 현황

시도명	선정기관명	시도명	선정기관명
서울	서울대병원	강원	강원대병원
부산	동아대병원	충북	충북대병원
대구	경북대병원	충남	단국대병원
인천	가톨릭대학교 인천성모병원	전북	전라북도마음사랑병원
광주	조선대병원	전남	성가롤로병원
대전	충남대병원	경북	동국대경주병원
울산	동강병원	경남	경상대병원
세종	충남대병원	제주	제주대병원
경기	명지병원	총 17개소	

7. 치매안심병원 및 공립 요양병원 사업

치매안심병원 지정

① 「치매안심병원」의 정의: 치매관리법 제16조의 4에 따라 치매의 진단과 치료·요양 등 치매관련 의료서비스를 전문적이고 체계적으로 제공하기 위하여 필요한 인력·요양원 및 장비를 갖추었

거나 갖출 능력이 있다고 인정하여 보건복지부 장관이 지정한 기관. 지정 받으려는 의료기관은 보건복지부령으로 정하는 바에 따라 보건복지부장관에게 신청하여야 함.

② 지정철자

지정신청 대상: 의료법 제3조에 따른 의료기관 인증을 받은 병원급 의료기관.

지정신청 서류: 치매관리법 시행규칙 제7조의 6에 따름.

③ 주요기능 및 역할

환자 증상의 종합적 평가에 근거하여 필요한 정신건강의학과 및 신경과적 치료 제공.

치매진단 및 정밀검사 외에 인지기능, 행동심리 증상, 신경 징후, 일상생활 수행능력에 대한 전문적·종합적 평가를 토대로 맞춤형 치료전략 수립.

행동심리 증상 치료 및 문제행동 개선을 위한 전문적 약물적·비약물적 개입.

입원 후 개인, 집단 및 소그룹 형태의 다양한 전문치료 프로그램 시행, 가족을 위한 치매 정보 및 프로그램 시행.

치매환자의 치료·보호 및 관리와 관련된 기관, 법인, 단체와의 협력 및 연계.

④ 제공프로그램
- 개인, 집단 및 소그룹의 인지치료, 화상치료, 감각치료(음악, 스노즐렌 등), 운동요법, 인정요법 등 제공.
- 가족을 위한 프로그램 제공(치매에 대한 정보제공, 가족을 위한 프로그램 등).

공립 요양병원 운영 및 치매 기능 보강사업

① 배경 및 목적

치매환자에 대한 전문적인 집중치료를 제공하여 치매질환의 악화 방지 및 치매 환자가족의 부담 경감을 목표로 공립 요양병원에 치매관리법령에 따른 치매전문병동 확충을 지원.

② 치매 기능 보강사업
- 목적 및 내용: 공립 요양병원에 전문적 치매환자 치료를 위한 요양원 및 장비를 보강하여 치매안심병원 지정·운영을 위한 치매전문병동(치매안심병동) 설치.

8. 실종노인의 발생예방 및 찾기 사업

- 목적: 정당한 사유 없이 사고 또는 치매 등의 사유로 인하여 보호자로부터 이탈된 "실종 노인"의 조속한 발견과 복귀를 지원함으로써, 노인을 안전하게 보호하고, 실종노인 가정의 복지 증진

에 이바지.

법적근거: 노인복지법 제39조의 10 및 제39조의 11, 제55조의 4, 제61조의 2, 시행규칙 제29조의 13.

배회가능 어르신 인식표 보급사업, 실종노인 찾기 지원('치매체크' 앱 실종노인 전단지 신청).

9. 치매공공후견 사업

목적: 의사결정 능력 부족으로 어려움을 겪고 있는 치매노인에게 성년후견제도를 이용할 수 있도록 지원함으로써 사람으로서의 존엄성 보장.

부록 2

치매에 대한 인식 [28]

1) 국가, 사회

- 시장조사 전문기업 엠브레인 트렌드모니터(trendmonitor.co.kr)가 전국 만 19세~59세 성인남녀 1,000명을 대상으로 진행한 '2019 치매 관련 인식 조사'에 따르면, 고령화시대를 맞아 '치매 인구'가 빠르게 증가하고 있는 가운데, 대부분 자신도 치매의 위험으로부터 안전하지 않다고 생각한다는 조사결과가 나왔다. 하지만 대체로 치매와 관련된 문제를 마냥 두려워하거나 회피하려는 태도가 강해 보였으며, 사회 및 국가적으로 치매문제에 대한 준비가 부족하다는 의견이 지배적이었다.

- 1,000명의 응답자 중 전체 42.3%가 치매인구의 증가 소식을 잘

---

[28] 엠브레인 트렌드모니터, 헬스케어, 고령화 사회의 화두 '치매', 그러나 두려움과 불안감에 '치매'를 정면으로 응시하지 못하는 한국사회, 2019 치매 관련 인식조사, 2019.5.15.~19. Available from: https://www.trendmonitor.co.kr/tmweb/trend/allTrend/detail.do?bIdx=1802&code=0501&trendType=CKOREA

알고 있다고 응답하였으며, 자세히는 모르더라도 들어본 적이 있다는 응답자가 절반가량인 50.3%의 비중을 차지하였다. 이에 따라 최근 사회 전반적으로 '치매인구'가 증가하고 있다는 사실은 거의 모든 사람들이 잘 인지하고 있는 것으로 조사되었다.

- 10명 중 8명(79.3%)은 "치매는 더 이상 개인의 질병이 아니라 사회적 현상"으로 봐야 한다고 응답하였다. 특히 30대 이상이 치매는 사회적 차원에서 다뤄야 할 문제라는 생각을 많이 하는 것(20대 67.2%, 30대 82%, 40대 84%, 50대 84%)으로 나타났다. 그 바탕에는 치매는 이제 주변에서 흔히 볼 수 있는 노인성 질환이고(74.5%), 우리가 피한다고 피할 수 있는 것이 아니라는(81.6%) 현실적 문제인식이 자리하고 있다.

- 하지만 아직 치매에 대한 인식이 한참 뒤떨어져있다는 인식이 높다(74%). 전체 응답자의 90.9%가 고령화 사회에 대비하여 국가적으로 치매인구의 부양을 위해 힘 쓸 필요가 있다고 주장하고 있다.

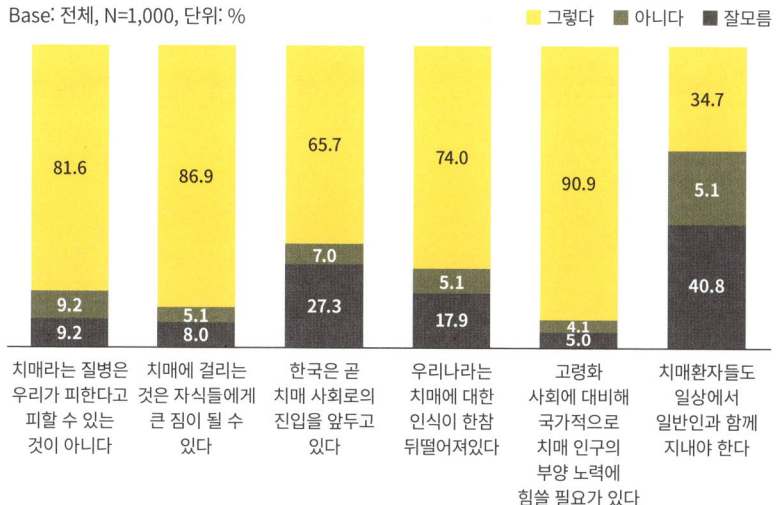

2) 가족

- "치매환자와 주변인에 대한 인식"에 대한 응답으로는, '가족 중에 누군가가 치매진단을 받으면 앞이 막막할 것 같다'는 응답 선택 비중은 75.0%, '가족이 치매진단을 받으면 우리 가족은 예전처럼 잘 지내지 못할 것 같다'는 응답을 선택한 비중은 57.8%이다. (중복응답)

- "가족의 치매진단 시 염려 요인(중복응답)"의 질문에서 가장 높은 염려 요인으로 선택받은 항목은 '경제적인 부담(56.7%)'으로 가장 높았으며, '간병으로 인한 정신적 스트레스(48.5%)', '가족을

영원히 못 알아볼 수도 있다는 두려움(42.4%)', '부양에 대한 책임감(33.5%)', '치매로 인한 가족들의 불화(30.2%)', '간병으로 인한 육체적 스트레스(28.4%)', '치매가족의 불의의 사고 우려(20.2%)' 순으로 높았다.

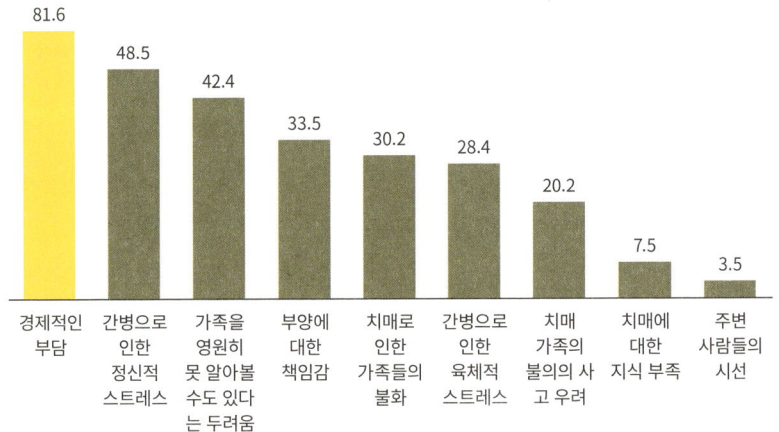

- "치매환자의 부양 어려움 인식"에 대한 질문에서는 '치매에 걸리는 것은 자식들에게 큰 짐이 될 수 있다' 가 86.9%였으며, '내 부모 중 한 명이 치매에 걸린다면 부양을 잘 할 자신이 있다'는 18.6%로 비교적 낮은 응답률을 보였다.

3) 개인

"치매진단 시 희망 치료 기관(중복응답)"으로는 요양병원이 65.7%로 가장 높은 비중을 차지하며, 사회복지기관이 56.1%, 대학병원이 22.4%, 일반 병·의원 10.2%, 집 9.5%, 잘 모르겠다. 9.0% 순서로 높은 비중을 차지하였다.

"치매에 대한 인식"은 74.5%가 '이제 흔히 볼 수 있는 노인성 질환이다.' 라고 응답하였으며, 29.5%는 '나이가 들면 자연스럽게 찾아오는 질병이다' 라고 응답하였다.

'치매' 관련 전반적 인식 평가는 '일찍 치료를 시작하면 치매 진행을 늦출 수 있다(79.5%)', '치매는 한 가정을 무너뜨리게 하는 무서운 질병이다(73.8%)' 순으로 높은 동의율을 보였으며 이외 항목에 대한 동의율은 다음과 같다.

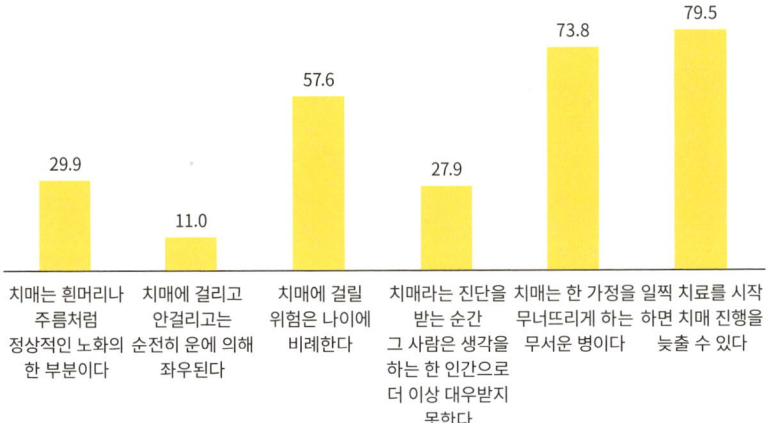

- 특히 치매에 걸리면 개인의 삶이 비루해진다는 시각도 엿볼 수 있었다. 치매라는 진단을 받는 순간 그 사람은 한 사람으로서 더 이상 대우를 받지 못하게 되고(27.9%), 중증 치매환자의 삶은 가치가 별로 없다(24.9%)는 인식이 결코 적지 않은 수치로 나타났기 때문이다
- 또한 치매환자의 존재가 한 가정을 파괴할 수도 있다는 불안감도 상당하게 드러났는데, 남성(69.2%)보다는 여성(78.4%)이, 연령이 높을수록(20대 66.4%, 30대 73.2%, 40대 74.4%, 50대 81.2%) 치매가 가족 전체를 불행에 빠뜨릴 수 있다는 인식이 보다 뚜렷했다.

치매 영향

1. 국가, 사회[29]

1) 사회적 비용 급증

고령화가 급속도로 진행되어 치매유병률 증가, 환자뿐 아니라 환자 주변에도 영향을 미치며, 치매 치료 및 관리를 위한 사회적 비용이 증가됨.

전 세계에서 3초마다 한 명꼴로 치매환자 발생.

2030년 7,500만 명에 사회적 비용은 2조 달러(약2,382조 원) 가량 소요 전망.

2050년 국내 치매관리비용 106.5조 원 예상 – 2011~2015년 치매진료비 연평균 17.1% 증가.

---

[29] BIOTIMES, 고령화 추세로 치매환자 늘어나며 사회적 비용도 급증…….치료제 없어 조기진단 중요, 나지영, 2020.02.10. Available from: http://www.biotimes.co.kr/news/articleView.html?idxno=3627

- 2015년 약 13.2조 원(GDP대비 0.9%)의 8배 증가(2050년)

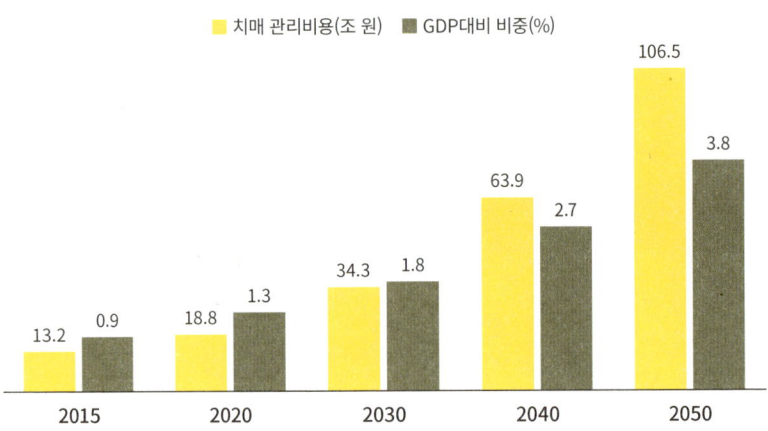

2) 사회적 문제 발생

치매환자 증가에 따른 치매환자 실종건수 증가 – 2012년 기준 7,650건에서 2016년 기준 9,869건으로 29% 증가.

'노인 친화적 사회' 요구 (의료적+복지적 측면 모두 고려 필요)[30]

- 2010년부터 치매관리법 시행, 2017년부터 치매국가책임제 시행
- 전국 256개 치매안심센터 설치, 행동심리증상 behavioral and psychological symptoms of dementia(이하 BPSD)이 있는 중증 환자들을 위한 치매안심병원 확대 중.

---

[30] Medical Times, "국내 치매 환자 돌봄 문제, 사회 제도적 보완 시급", 원종혁, 2020.03.23. Available from: https://www.medicaltimes.com/Users/News/NewsView.html?ID=1132651

- 치매 조기진단과 조기치료의 중요성 대두.
- 치매환자의 인권 문제 강조: 치매환자의 인권과 더불어 치매환자를 돌보는 가족들의 인권까지 존중받을 수 있는 법과 제도적 뒷받침 필요.
- 치매환자 돌봄 문제: 가족, 요양원, 요양병원의 돌봄 문제 대두 (요양병원의 경우 국민건강보험이 관리하나, 병원 내 돌봄 서비스는 가족이 전액을 부담해야 하는 문제가 있음. 요양보호사처럼 교육 받은 인력이 아니고 중국 동포 또는 고령 내국인이 환자를 돌보는 일명 '노-노케어'의 어려움도 있음).

2. 가족

1) 가족들이 겪는 4가지 심리단계[31]

① **(1단계) 불안, 부정**

노인이 이상한 행동이나 말을 하게 되면 대부분의 가족들은 아니라고 부정하거나 어쩔 줄 모르게 됨. 이러한 고통을 다른 사람에게 말하지도 못하고 혼자서 남모르게 고통을 겪음.

---

[31] 한국치매가족협회, 치매케어, 돌봄 정보, 가족들이 겪는 4가지 심리단계. Available from: http://www.alzza.or.kr/bbs/board.php?bo_table=22&wr_id=6

② (2단계) 혼란, 화, 거절

치매에 대한 이해가 부족하여 어떻게 대처해야 할지 모르고 혼란스러우며 작은 일에도 화가 나고 어쩔 줄 모르는 시기임. 정신적으로나 육체적으로 피곤해져서 노인의 어떤 말이나 행동에도 싫다고 거절해버리게 됨. 가장 어려운 시기이며, 보건·복지·의료서비스를 적극적으로 이용함으로써 잘 넘겨야 하는 시기.

③ (3단계) 단념

치매노인에 대해 화를 내고 불안해하는 것은 자신에게 손해라고 생각하기 시작하면서 나와는 상관없는 일이라고 단념해버리게 되며 가볍게 생각하게 됨.

④ (4단계) 수용

치매에 대해 많이 이해하게 되고 치매노인의 심리를 자기 자신에게 비추어 볼 수 있는 시기로, 노인의 모습 그대로를 가족의 일원으로서 받아들일 수 있게 됨.

2) 가족 구성원 간 갈등 발생[32]

① 가족 구성원들의 치매에 대한 정보가 부족함.

---

[32] 원더풀 마인드, 치매가 가족에게 주는 영향: 가족의 갈등 해결, 2019.10.30., Available from: https://wonderfulmind.co.kr/how-dementia-affects-a-family/

② 치매환자를 돌보는 비용이 만만치 않음. 특히 도우미를 고용하거나 병원 또는 센터 등의 비용을 지불하거나, 요양병원에 입소할 경우 비용부담이 증가함: 돌봄 비용 부담.
③ 환자 돌봄에 대한 의견 차이가 발생할 수 있음.
  - 치매환자를 돌보다 보면, 분노, 거부, 좌절, 두려움, 슬픔, 죄책 등의 정신적 감정을 느낄 수 있으며, 육체적으로도 스트레스를 받을 수 있음: 돌봄 스트레스[33].

3. 개인

1) 치매 증상을 제일 처음 깨달으며, 치매는 불치병이라는 잘못된 인식 때문에 그간 주변에서 보았던 치매환자들의 경과를 떠올리며 미래의 망가진 자기 모습을 상상하며 불안해 할 수 있음.

2) 자신감 상실 및 불안감, 분노, 거부, 우울증, 분개, 고립, 상실감을 경험함[34].

---

33 대한치매학회, 일반인을 위한 강좌, 99가지 치매이야기
34 alzheimer's association, Available from: https://www.alz.org/

3) 치매 두려움에 대한 연구조사

치매에 대한 생각, 치매가 두려운 이유 등에 대한 면담을 통하여 지역사회 거주 노인(65~76세) 8명의 치매 두려움을 파악함[35].

4) 인지적 차원

① 치매 전조증상의 직접 경험

기억력 저하, 깜빡거림 등의 인지기능저하 증상의 반복 경험을 통해 치매에 걸렸거나, 걸리지 않을까 걱정하게 되는 것.

실험 참여자들의 인터뷰 내용
- 저녁 준비하다가 손주 데리러 갈 시간을 놓친 거야. 늘 해오던 일인데 이렇게 놓칠 수 있나 생각이 들었어. 그러면서 내가 진짜 이러다가 치매가 오는 거 아니야?라는 생각을 했다니까. 이런 것들이 나를 불안하게 하는 것 같아.(참여자 1)
- 자꾸 잊어 먹으니까, 준비를 해 놓고도 바쁘게 가다 보면 호주머니에 지갑도, 핸드폰도 두고 갈 때가 있어서 그럴 때 이게 치매가 오는 건가라는 생각을 하지.(참여자 7)
- 금방 TV를 보다가 자막에 이름이 나왔는데 뒤돌아서면 기억

---

[35] 지역사회간호학회지, 치매두려움에 대한 개념분석, 이민경·정덕유, 이화여자대학교 간호대학원, 2018.06.

이 안 나. 근데 또 좀 있다가 생각이 나. 이게 그건가(치매) 생각하고 있어."(참여자 8)

② **치매 간접 경험**

가족, 지인, 대중매체 등을 통해 치매를 간접적으로 경험하고 치매에 대한 두려움을 느끼는 것을 의미.

실험 참여자들의 인터뷰 내용

- 주변에 치매에 걸린 할머니나 다른 나이 드신 권사님들을 보면 문득 두려워져.(참여자 1)
- 주변에 건강하던 노인네들도 나이가 들어서 지금 내 나이 이상으로 훨씬 더 늙은 노인이 되면 치매에 한둘씩 걸리던데 그런 게 무서운 거죠.(참여자 2)
- 뉴스 봐도 무서워. 뉴스나 신문 보면 요즘 치매 노인들 무지하게 늘어나고 있잖아요. 이런 게 오히려 공포감을 조성하는 것 같아요. 그러면 '나나 내 집사람이나 걸리는 건 아닐까?'라는 생각이 들어요.(참여자 3)

5) 정서적 차원

① 부정적인 감정

치매에 걸렸다고 생각했을 때 표현되는 겁이 나거나 꺼려지는 감정. 우울, 불안, 서글픔, 허무함, 무서움과 같은 감정이 들고 다른 병보다 더 무섭다고 표현함.

실험 참여자들의 인터뷰 내용
- 치매가 걸렸을 걸 생각하면 불안하고 무섭지. 앞으로 혹시 그럴 걸 생각하면 두려워.(참여자 1)
- 내가 벌써 치매에 걸렸나? 그런 생각이 들고, 우울해지고 허무하다. 치매에 걸렸으니 허무하다는 생각이 들 것 같아.(참여자 2)
- 그건 생각하기도 끔찍해. 만약 치매에 걸렸다고 하면 너무 우울해 질 것 같은데, 나이 들어서 어딘가 아프다는 건 너무 우울하고 받아들이기 힘들 것 같아.(참여자 3)

② 비관적인 생각

치매에 걸리는 것을 죽고 싶을 만큼 절망스러운 일로 여기는 것을 의미. 치매가 걸린다면 더 이상 새로운 기대를 가질 수 없고 결국에는 모든 것을 포기해야 할 것만 같은 생각이 든다고 응답함.

실험 참여자들의 인터뷰 내용

- 치매에 걸리면 빨리 죽어야 되지. 몸이 아프고 치매에 걸리고 그러면, 내 기능을 못 하면 빨리 죽어야지. 죽고 싶어. 그러면 빨리 죽고 싶어. 치매에 걸린 걸 생각하면 무섭지는 않지만 오래 살면 안 된다는 그런 느낌이야. 병들고 치매 걸리고 내가 내 활동을 스스로 못 하고 남의 손을 빌릴 정도가 되면 빨리 죽어야 해. 치매에 걸렸다고 가정한다면, 진짜 끔찍하고 이런 말해도 될지 모르겠지만, 죽고 싶을 만큼 끔찍할 거예요. 결론은 '무조건 걸리면 안 되겠다'입니다.(참여자 4)

6) 사회적 차원

① 타인 의존에 대한 걱정

치매로 인한 인지 및 신체기능의 저하로 타인에게 의지하게 되는 것에 대한 부담감과 미안한 마음을 의미함.

② 자아정체성 상실과 자기조절 불능에 대한 불안감

치매에 걸릴 경우, 인지능력 저하로 인하여 자아정체성을 상실하고 스스로 조절하지 못하는 것에 대한 걱정을 의미함.

부록 3

노인장기요양보험[36]

1. 신청

- 신청자격: 노인 등으로서 다음의 어느 하나에 해당하는 자격을 갖추어야 함.(「노인장기요양보험법」 제12조)_노인장기요양보험가입자 또는 그 피부양자, 「의료급여법」 제3조제1항에 따른 의료급여수급권자.
- 급여대상: 65세 이상 노인 또는 치매, 중풍, 파킨스병 등 노인성 질병을 앓고 있는 65세 미만인 자 중 6개월 이상의 기간 동안 일상생활을 수행하기 어려워 장기요양서비스가 필요하다고 인정되는 자.
- 신청 장소: 전국 공단 지사 (노인장기요양보험운영센터)
- 신청방법: 공단 방문, 우편, 팩스, 인터넷

---

36 국민건강보험공단 홈페이지

- 신청인: 본인 또는 대리인
- 제출서류: 장기요양인정신청서, 의사 또는 한의사 소견서(이하 "의사소견서")
- 의사소견서 제출 기한: 국민건강보험공단이 장기요양등급판정위원회에 자료를 제출하기 전까지 제출 가능. 단, 신청인이 65세 미만인 사람으로서 신청 시에 의사소견서를 제출하지 않는 경우에는 노인성 질병을 확인할 수 있는 진단서 등의 증명서류를 장기요양인정신청서에 첨부.
- 의사소견서 제출 제외자: 신청인의 심신 상태나 거동상태 등이 현저하게 불편한 사람으로서「거동 불편자에 해당하는 자」,「가족요양비 지급 및 의사소견서 제출 제외대상, 섬·벽지 지역 고시」.

2. 심사

- 국민건강보험공단(장기요양등급판정위원회)에서 장기요양등급판정을 함.
- 간호사, 사회복지사, 물리치료사 등으로 구성된 공단 소속장기요양 직원이 직접 방문하여 [장기요양인정표]에 따라 52개 항목을 조사하여 장기요양인정점수를 산정함.

장기요양인정조사표_ 52개 조사항목

영역	항목		
신체기능 (12항목)	옷 벗고 입기 식사하기 일어나 앉기 화장실 사용하기	세수하기 목욕하기 옮아앉기 대변 조절하기	양치질하기 체위 변경하기 방 밖으로 나오기 소변 조절하기
인지기능 (7항목)	단기 기억장애 날짜 불인지 장소 불인지	나이/생년월일 불인지 지시 불인지	상황 판단력 감퇴 의사소통/전달 장애
행동변화 (14항목)	망상 환청, 환각 슬픈 상태, 울기도 함 불규칙수면, 주야혼돈 도움에 저항	서성거림, 안절부절 못함 길을 잃음 폭언, 위험행동 밖으로 나가려 함 의미가 없거나 부적절한 행동	물건 망가트리기 돈/물건 감추기 부적절한 옷 입기 대/소변 불결행위
간호처치 (9항목)	기관지절개관 간호 흡인 산소요법	경관영양 욕창간호 압성통증간호	도뇨관리 장루간호 투석간호
재활 (10항목)	운동장애(4항목) 우측상지 우측하지 좌측상지 좌측하지	관절제한(6항목) 어깨관절 고관절 팔꿈치관절 무릎관절 손목 및 수지관절 발목관절	

등급판정 기준

등급구분	판정기준
장기요양 1등급	일상생활에서 전적으로 다른 사람의 도움이 필요한 자로서 장기요양점수가 95점 이상인 자
장기요양 2등급	일상생활에서 상당 부분 다른 사람의 도움이 필요한 자로서 장기요양점수가 75점 이상 95점 미만인 자

장기요양 3등급	일상생활에서 부분적으로 다른 사람의 도움이 필요한 자로서 장기요양인정점수가 60점 이상 75점 미만인 자
장기요양 4등급	일상생활에서 일정부분 다른 사람의 도움이 필요한 자로서 장기요양인정점수가 51점 이상 60점 미만인 자
장기요양 5등급	치매환자로서 장기요양인정점수가 45점 이상 51점 미만인 자
인지지원등급	치매환자로서 장기요양인정점수가 45점 미만인 자

3. 판정

- 조사가 완료되면 신청인은 장기요양등급판정위원회(이하 '등급판정위원회'라 함)로부터 장기요양인정 신청자격요건을 충족하고 6개월 이상 동안 혼자서 일상생활을 수행하기 어렵다고 인정되는 경우 심신상태 및 장기요양이 필요한 정도 등 다음의 등급판정기준(7. 장기요양등급 참고)에 따라 수급자로 판정. (「노인장기요양보험법」 제15조제2항 및 「노인장기요양보험법 시행령」 제7조제1항)
- 등급판정위원회는 신청인이 신청서를 제출한 날부터 30일 이내에 장기요양등급판정을 완료해야 함.
- 다만, 신청인에 대한 정밀조사가 필요한 경우 등 기간 이내에 등급판정을 완료할 수 없는 부득이한 사유가 있는 경우 30일 이내의 범위에서 연장 가능. (「노인장기요양보험법」 제16조 제1항)

1) 재가 요양

등급판정 기준 1등급 또는 2등급 수급자는 재가급여 또는 요양원급여 이용이 가능함.
재가노인복지요양원의 종류: 방문요양서비스, 주야간보호서비스, 단기보호서비스, 방문목욕서비스, 재가노인지원서비스, 방문간호서비스, 복지용구지원서비스.

2) 요양원 요양

등급판정 기준 3~5등급자 중 아래와 같이 등급판정위원회가 심의하여 요양원급여가 필요한 것으로 인정한 경우에는 요양원급여를 제공받을 수 있음.
　주 수발자인 가족구성원으로부터 수발이 곤란한 경우
　　- 주 수발자인 가족 구성원으로부터 방임, 유기, 학대받을 가능성이 높은 때.
　　- 주 수발자인 가족 구성원의 직장, 질병, 해외체류 등으로 수발이 곤란할 때.
　　- 독거이며 가까운 거리에 수발할 수 있는 가족(주 수발자)이 없을 때
　치매 등에 따른 문제행동으로 재가급여를 이용할 수 없는 경우
　　- 치매증상이 확인된 경우

- 치매증상 요건이 확인되지 않았으나 수급자의 문제행동으로 가족의 수발부담이 크고 스트레스가 심한 상태에 있는 때
  - 주거환경이 열악하여 요양원 입소가 불가피한 경우
    - 화재 및 철거 등 거주하는 주택 또는 건물에서 생활하기 곤란한 경우.

- 3·4등급자 요양원 입소 요건 및 사유: 아래 중 하나에 해당하는 경우.
- 5등급자 요양원입소 요건 및 사유: 아래 ①번의 조건 중 하나 이상의 조건에 해당하고, ②번 의사소견서(일반 또는 치매)와 인정조사표 항목의 조건이 충족되어야 함.
  - <주 수발자인 가족구성원으로부터 수발이 곤란한 경우> 또는 <주거환경이 열악하여 요양원 입소가 불가피한 경우>
  - 제출한 의사소견서(일반 또는 보완서류)의 항목 충족 + 인정조사 시 확인된 문제 행동이 2개 이상.

4. 요양원 입소

장기요양등급자 중 요양원급여를 받는 경우 요양원에 장기간 동안 입소하여 신체활동 지원 및 심신기능의 유지 향상을 위한 교육, 훈련 등을 제공.

부록 4

문재인 정부 국정과제 치매국가책임제[37][38]

1. 치매국가책임제란?

고령사회로 진입하면서 어르신과 그 가족이 전부 떠안아야 했던 치매로 인한 고통과 부담을 정부가 책임지는 문재인 케어의 대표 복지정책이다.

고령사회에 대비하고 건강하고 품위 있는 노후 생활을 보장하겠다는 문재인 대통령의 대선 공약사항에서 시작됐다. 2017년부터 전국 256개의 보건소에 치매안심센터와 치매안심병원을 확충하고, 2018년부터 중증치매환자 본인부담을 낮추고, 고비용 진단검사 급여화, 장기요양 치매 수급자 본인부담을 줄이는 데 중점을 두고 있다.

---

[37] 대한민국 정책브리핑, 뉴스, 브리핑룸, 치매국가책임제 시행 이후 3년, 달라진 점과 달라질 점, 2020.09.21. Available from: https://www.korea.kr/news/pressReleaseView.do?newsId=156411840

[38] 대한민국 정책브리핑, 정책위키 한눈에 보는 정책, 치매국가책임제. Available from: https://www.korea.kr/special/policyCurationView.do?newsId=148862221

2017년 9월 '치매 국가책임제 대국민 보고대회'를 갖고 '치매국가책임제 추진계획'을 발표했다. 치매환자와 가족에게 치매예방부터 검진, 상담, 등록관리, 서비스 연계 및 가족지원 등 1:1 맞춤형 원스톱 서비스를 제공한다. 치매 치료비 부담을 줄이기 위해 중증 치매 환자는 산정 특례 적용 시 건강보험을 90%까지 적용하고, 신경인지검사와 MRI도 건강보험을 적용한다. 경증치매도 장기요양급여를 받을 수 있도록 인지지원등급이 신설되었고, 장기요양 본인부담 경감제도도 2018년 하반기부터 확대하였다. 또 치매전담형 요양원과 안심병원 확충, 치매에 대한 근본적 치료와 예방을 위한 연구개발(R&D) 투자에 보건복지부와 과학기술정보통신부는 2020년부터 2028년까지 9년간 약 2,000억 원을 투입하기로 했다.

1) 추진 이유

(1) 추진 배경
- 인구 고령화와 치매인구 증가, 가족해체 등 치매가족의 고통 심화, 치매로 인한 사회적 비용 부담, 이전 치매 지원체계의 한계.
- 2018년 65세 이상 노인 인구는 738만 9,000명으로 전체 인구의 14% 이상을 차지하고 있다. 2030년에는 24.5%, 2050년 38.1%로 높아질 것으로 예상되고 있다. 인구 고령화는 치매환자 증가로 연결된다. 2030년에는 전체 어르신의 10%인 127만 명, 2050

년에는 15%인 271만 명으로 늘어날 것으로 전망되고 있다. 이 가운데 2018년 기준 추정 치매환자수는 75만 명이다.
- 2008년 제1~3차 국가치매관리종합계획을 수립, 2012년에는 치매관리법 제정, 2014년 치매검사 제공 및 노인장기요양보험 5등급(치매특별등급) 신설 등 치매에 대한 기본 지원체계를 갖추었으나 여전히 사각지대가 존재하고 실질적인 부담을 덜기에는 불충분하다. 치매는 더 이상 개인과 가족의 문제가 아니다. 국가와 사회의 전폭적인 지원과 도움 없이는 부담을 완화하기 힘든 과제다.

2) 치매국가책임제의 주요 내용

- 치매환자와 가족에 대한 정보제공, 1:1 맞춤형 사례 관리
    - 전국 256개 보건소에 치매안심센터가 설치 ⇒ 1:1 맞춤형 상담, 검진, 관리, 서비스 연결 등 통합적인 지원
    - 치매안심센터 내에 치매단기쉼터와 치매카페 설치, 야간에는 치매상담 콜센터 1899-9988을 이용, 24시간 상담이 가능한 치매 핫라인 구축
    - 쉼터 이용시간 확대(3시간/일→7시간/일), 대상 확대(장기요양 인지지원 등급자도 가능)
    - '치매노인등록관리시스템'을 통해 전국 어디서든 유기적, 연속적 관리가능

- 주소지 제한 완화(주소지와 상관없이 거주하는 곳 근처 치매안심센터 이용가능)
- 치매환자와 가족에 대한 정보제공, 1:1 맞춤형 사례 관리

• 치매 환자 모두에게 장기요양 서비스 제공
- 신체기능 기준 1등급~ 5등급 장기 요양 등급을 판정 ⇒ 인지지원등급 신설: 신체 기능에 관계없이 치매환자라면 누구나 노인장기요양보험 등급 부여
- 신체 기능 유지와 증상 악화 방지를 위한 인지활동 프로그램 이용 가능
- 간호사의 가정 방문: 복약지도, 돌봄 관련 정보 제공
- 치매 전담형 요양원 확충: 요양보호사 추가 배치, 치매 맞춤형 프로그램을 제공, 공동거실 등 설치
- 경증 치매 환자는 '치매안심형 주야간보호요양원'(현재 9개소) 이용
- 중증 치매환자는 '치매안심형 입소요양원'(현재 22개소) 이용 (2022년까지 단계적 확충 예정)

• 안심하고 이용할 수 있는 장기요양 서비스 확충

• 치매 환자에 대한 의료지원 강화
- 이상행동 증상(BPSD)이 심한 중증환자: 치매안심병원에서

단기 집중 치료
- 치매안심병원: 공립 요양병원에 치매전문병동 설치, 지정, 운영, 단계적 확대

- 치매 요양비 및 의료비 대폭 완화
  - 중증 치매환자의 의료비 본인 부담률: 최대 60% → 10%로 인하
  - 종합 신경인지검사 건강보험 적용: 상급종합병원 기준 40만 원→15만 원
  - 치매의심환자 MRI 검사 건강보험 적용: 상급종합병원 기준 60만 원→ 33만 원
  - 장기 요양 본인 부담금 경감(중위소득 50%에서 대상 늘릴 예정)
  - 휠체어, 침대, 이동식 변기 등 복지용구 지원(2019년 기준 18개 품목, 573개 제품)

- 치매 친화적 환경 조성
  - 전국 50개 노인복지관에서 인지지원 프로그램 제공: 미술, 음악, 원예 등
  - 전문 인력이 경로당, 노인복지관 등 방문해 조기 검진 및 예방 등 서비스 접근성을 높임
  - 만 66세 이상 국가건강검진 인지기능 검사 정밀화, 무료, 검사주기 단축(4년→2년)

- 치매 조기 검진 무료제공(345만 명 → 565만 명)
- 치매가족 휴가제: 1일 1인 7.5만원(본인부담 1만원), 1박 2일 1인 15만 원(본인부담 1.5만 원)
- 치매환자 실종 예방사업: 지문 사전 등록, 치매체크 앱 위치 추적, 치매인식표
- 치매노인(특히 독거노인) 공공후견제도: 치매환자 권익보호
- 치매안심마을 조성(256개 → 400개), 치매파트너즈 양성 사업 확대

- 치매 연구개발(R&D)
  - 보건복지부와 과학기술정보통신부: 치매에 대한 체계적 연구 계획 수립
  - 국가치매연구개발 10개년 계획 수립
  - 조기진단 및 원인규명, 예측, 예방, 치료 등 중·장기 연구 지원 (2020~2028년 2,000억 원)

- 치매 정책 행정체계 정비
  - 치매관리법 개정(2018. 05): 치매안심센터 등 설치 및 운영 법적 근거 강화
  - 보건복지부 내 치매정책 전담 부서인 치매정책과 운영
  - 지방자치단체에 국고 투입: 치매관련 지역 특화사업 추진 여건 조성

3) 「치매국가책임제」 적용 사례

사례 1

자식을 모두 출가시킨 박○○(84세), 이○○(83세) 부부는, 오랜만에 방문한 아들이 부모의 이상행동을 목격하고 용인시 치매안심센터에 치매 검사를 의뢰하였다. 검사결과 부부 모두 치매 진단을 받아 방문요양서비스, 인지 재활프로그램, 조호(돌봄) 물품 등 도움을 받을 수 있게 되었다.

사례 2

치매환자인 김○○씨(71세)는, 같이 사는 60대의 여동생도 지병이 있어 자매가 모두 제대로 된 식사와 청소를 하지 못하는 등 열악한 환경에서 지내고 있었다. 그러던 중 성북구 치매안심센터에서 필요한 장기요양서비스를 연계하였고, 이후에도 지속적인 돌봄을 제공받음으로써 지금은 살던 동네에서 안전하게 살아가고 있다.

사례 3

독거 경증 치매환자인 강○○씨(91세)는, 친구 아들로부터 사기를 당해 전 재산을 잃었을 뿐만 아니라 원치 않는 요양병원 입원도 하게 되었다. 이에 진주시 치매안심센터에서 공공후견인을 선임·지원함으로써 요양병원 퇴원, 금전적 관리는 물론 정신적 지지까지 받을 수 있게 되었다.

2. 3년 추진 성과

① 전국 치매안심센터 기반 요양원(인프라) 확충 및 통합서비스 제공

- 2019. 12. 전국 256개 모든 치매안심센터가 인력 및 기능을 갖추어 정식 개소, 치매환자와 가족들에게 상담, 검진, 1:1 사례관리 등의 통합적 서비스 제공.
- 60세 이상 노인 372만 명(치매환자 50만 명)이 치매안심센터를 방문, 상담 및 검진과 더불어 쉼터를 통한 낮 시간 돌봄, 인지강화 프로그램 제공.
- 보호자 또한 치매안심센터 내 가족카페를 이용하여 치매환자의 쉼터 이용시간 동안의 휴식, 가족 간 정보교환, 자조모임 지원 등.
- 코로나-19 장기화로 인한 찾아가는 진단검사 등 방문형 서비스, 동영상 콘텐츠 등 온라인 자원을 활용한 비대면 서비스 강화하여 운영.
- 치매안심센터 이용자의 서비스 만족도: 2018년 조사결과 88.7점, 2019년 90점.

② 장기요양 서비스 확대

- 2018. 1. 인지지원등급 신설, 경증치매환자도 장기요양등급을 받아 장기요양서비스를 이용할 수 있게 됨.
- 2020. 7. 기준 1만 6984명 경증 치매환자가 인지지원등급을 새로

받게 됨.
- 2018. 8. 장기요양비 본인 부담 경감 대상자와 경감 폭을 대폭 확대, 치매환자와 보호자 부담 완화.
- 장기요양 본인 부담률: (건강보험료 순위 0~25%) 50% 경감 → 60% 경감, (건강보험료 순위 25~50%) 0% 경감 → 40% 경감.
- 공립 요양원이 없는 지역을 중심으로 치매전담형 공립장기요양기관 110개소의 단계적 확충 추진.

③ 의료지원 강화

- 2017. 10. 건강보험 제도개선을 통해 중증치매환자의 의료비 부담비율을 최대 60%에서 10%로 대폭 낮춤.
- 2018. 1. 신경인지검사, 자기공명영상검사(MRI) 등 고비용 치매검사의 건강보험 적용을 통해 본인 부담금 감소.
- 환각, 폭력, 망상 등 행동심리증상(BPSD)이 심한 치매환자의 집중치료를 위한 치매전문병동을 전국 공립 요양병원 60개소에 설치하고 있음.

④ 치매 친화적 환경 조성

- 지역주민들이 치매에 대해 올바르게 이해하고 치매환자와 가족을 지원하는 치매 친화적 환경의 치매안심마을 전국 339곳에서 운영.
- 치매안심마을에는 마을 내 병원 주치의와 연계, 치매환자 외출

- 동행 봉사단 운영, 은행·카페 등 '치매안심프렌즈' 지정·운영 등 치매환자와 가족이 안심하고 안전하게 살아갈 수 있는 환경 조성.
- 정신적 제약으로 의사결정에 어려움을 겪는 치매환자의 의사결정권 보호를 위해 2018. 9.부터 치매 공공후견제도 시행.
- 치매에 대한 이해를 바탕으로 치매인식 개선·확산을 위해 홍보활동과 자원봉사에 참여하는 치매 파트너가 총 100만 명이 양성되어 활동 중.
- 국가치매연구개발계획('18년 6월)에 따라 2020년부터 9년간 2,000억 원을 투자하여 치매 원인 진단, 치료기술 개발 연구 등 추진.(치매 전 단계를 타깃으로 조기진단, 예방·치료기술을 개발하고, 이를 위한 원인 인자 발굴 및 예측기술 개발)

3. 향후 치매관련 정책

1) 제4차 치매관리종합계획('21~'25)을 2020. 9 말 수립, 발표

코로나-19와 같은 감염병 상황에 대비하여 정보기술(IT)을 활용한 비대면 프로그램 확산, 충분한 거리두기가 가능한 야외활동 연계 등 추진 예정.(사회관계망 서비스를 활용한 양방향 치매예방 프로그램, 카카오톡 채팅방을 이용한 단체 뇌운동 활동 등, 숲체험, 텃밭정원 가꾸기 등 야외활동을 치매안심센터의 치매환자 및 가족대상 프로그램과 연계).

치매전담형 장기요양기관이나 치매전문병동 같은 치매 기반도 지속적으로 확충해 나갈 계획임.

참고문헌

1. 건강보험심사평가원, 요양병원 바로알기, 노인질병정보, 치매.
2. 국민건강보험공단, 정보공개, 통계정보, 2019 노인장기요양보험통계연보.
3. 노인요양원 노인의 연하곤란 사정도구, 중재프로그램 개발 및 평가, 한국산학기술학회논문지 제13권 제2호, 2012, 김치영. 이영미. 하은호.
4. 노인요양원 치매노인의 운동·인지 간호중재프로그램 개발 및 효과, 대구한의대 대학원, 고남경, 2019. 2.
5. 노인요양원 거주 노인의 자아존중감 증진을 위한 심리운동 프로그램 개발 연구, 우석대학교 일반대학원, 심리운동학과 심리운동학전공, 정해주, 2019. 2.
6. 미라마쓰 루이 저, 홍성민 역, 치매부모를 이해하는 14가지 방법, 2019, 뜨인돌.
7. 박종현. 2007. "스톡홀름학파의 거시경제정책 빅셀 및 <일반이론>과의 관련을 중심으로" 2007. 『한국경제학보』 제 14권 제2호.
8. 안재흥. 『복지 자본주의 정치 경제의 형성과 재편』 2013. 후마니타스.
9. 장기요양원 재원노인을 위한 전문가 구강관리 프로그램 개발 및 평가, 남서울대학교 대학원 치위생학 전공, 이근유, 2016. 12.
10. 한국보건사회연구, 보건복지포럼(2018. 10.), 노인의 가족 현황과 전망, 한국보건사회연구원 부원장 정경희.
11. 한신실. "한국은 어떤 복지국가로 성장해왔는가?". 2020. 『한국사회정책』27-1호, pp. 153-185.

참고사이트

1. https://www.nid.or.kr/notification/data_view.aspx?board_seq=86
2. https://www.nid.or.kr/info/diction_list2.aspx?gubun=0201
   https://mnews.joins.com/amparticle/23248070
3. http://www.cctimes.kr/news/articleView.html?idxno=625122
4. https://www.hira.or.kr/rd/hosp/sanatorium/disease01.do?pgmid=HIRAA03000200000
5. 대정요양병원, Available from : http://www.daejunghospital.com/treatment/dementia/
6. 은혜병원, Available from : http://www.ehhosp.com/main/main.html
7. 그림 출처, Pinterest, Available from : https://www.pinterest.co.kr/
8. https://trls.tistory.com/92
9. 국민건강보험, 노인장기요양보장제도, Available from : http://www.longtermcare.or.kr/npbs/index.jsp
10. 찾기 쉬운 생활법령정보, Available from : https://easylaw.go.kr/CSP/CnpClsMain.laf?popMenu=ov&csmSeq=673&ccfNo=2&cciNo=2&cnpClsNo=2
11. 국민건강보험, 서울요양원, 서비스안내, Available from : https://www.xn--2i4bo5fgwadewe.kr/sgcf/service/facility/CustService/
12. https://m.lawtimes.co.kr/Content/Opinion?serial=67437
13. https://namu.wiki/w/%EC%9D%B4%EC%9B%83%EC%82%AC%EC%B4%8C
14. https://namu.wiki/w/%EC%9D%B8%EA%B0%84%EA%B4%80%EA%B3%84
15. https://inuit.co.kr/1344 [Inuit Blogged]
16. https://blog.daum.net/sangablue/17445729
17. https://100.daum.net/encyclopedia/view/24XXXXX84116
18. http://m.cmni.news/news/articleView.html?idxno=44536
19. http://m.cmni.news/news/articleView.html?idxno=44536

엄마에게 치매가 왔다

초판 1쇄 발행   2022년 2월 28일

지 은 이   최마리
펴 낸 이   방수영
펴 낸 곳   도서출판 놀북
출판등록   107-38-01604
편 집 실   충북 청주시 상당구 수영로 162
전   화   010-2714-5200
전자우편   nolbook35@naver.com
ISBN   ISBN 979-11-91913-12-5 (03330)

값   15,000원

· 이 도서는 국립중앙도서관 서지정보유통지원시스템 홈페이지(http://seoji.nl.go.kr)와 국가자료종합목록 구축시스템(http://kolis-net.nl.go.kr)에서 이용하실 수 있습니다.

· 저작권법에 의해 보호를 받는 저작물이므로 저자와 출판사의 동의 없이 내용의 일부를 인용하거나 발췌하는 것을 금합니다. 또 파손된 책은 구입처에서 교환해 드립니다.